beck'sche reihe

bsr

Lange im Schatten anderer großer Reiche erlangte Weißrußland nach Auflösung der UdSSR im Jahre 1991 seine staatliche Selbständigkeit. Weißrußland, das an eine reiche kulturelle Tradition anknüpfen kann, ist durch die Reaktorkatastrophe von Tschernobyl immer noch stark belastet. Während der westliche Nachbar Polen darauf hoffen darf, bald Mitglied der Europäischen Union zu werden, stagniert die wirtschaftliche Entwicklung in Weißrußland seit vielen Jahren auf niedrigem Niveau. Und auch politisch ist das Land seit dem Amtsantritt von Präsident Lukašėnka im Jahre 1994 weitgehend isoliert.

Dieses Buch bietet einen aktuellen Überblick über Städte und Regionen, Geschichte, Politik, Wirtschaft und Kultur sowie über die ökologische Situation des Landes. Zum ersten Mal liegt damit eine deutschsprachige Gesamtdarstellung eines der zu Unrecht immer noch unbekanntesten Länder Europas vor.

Prof. Dr. Dirk Holtbrügge, geb. 1964, ist Inhaber des Lehrstuhls für Internationales Management an der Universität Erlangen-Nürnberg.

Dirk Holtbrügge

Weißrußland

Verlag C.H.Beck

Mit 27 Abbildungen und 4 Karten

Die erste Auflage dieses Buches erschien 1995.

Die Deutsche Bibliothek – CIP-Einheitsaufnahme

Holtbrügge, Dirk:
Weißrußland / Dirk Holtbrügge. – Orig-Ausg. –
2., aktual. u. erg. Aufl. – München : Beck, 2002
(Beck'sche Reihe ; 863 : Länder)
ISBN 3 406 49282 7

2., aktualisierte und ergänzte Auflage. 2002

Originalausgabe

Gesamtherstellung: Kösel, Kempten
Umschlagbilder: Seite 1: Minsk, National Geographic Society;
Seite 2: Demonstration gegen Präsident Lukašenka am 14.10.2000;
AP/Süddeutscher Verlag – Foto: Sergei Grits;
Seite 3: Marc Chagall, Dorf im Schnee, 1940/41, Privatbesitz
Umschlagentwurf: +malsy, Bremen
Printed in Germany
ISBN 3 406 49282 7

www.beck.de

Inhalt

WIRTSCHAFT UND ÖKOLOGIE

SPRACHE UND KULTUR

ANHANG

Vorwort

Der Name Weißrußland taucht in deutschen Medien vor allem im Zusammenhang mit zwei Ereignissen auf, die das Land in einem wenig positiven Licht erscheinen lassen. 1986 war es die Reaktor-Katastrophe in Tschernobyl, die den Blick der Weltöffentlichkeit auf das Land lenkte. Obwohl der Atomreaktor von Tschernobyl 12 km jenseits der weißrussisch-ukrainischen Grenze steht, sind bei seiner Explosion am 26. April 1986 mehr als 70% des radioaktiven Fallouts über Weißrußland niedergegangen und haben etwa ein Fünftel des gesamten Territoriums im Süden und Südosten des Landes radioaktiv verseucht. Auf Jahrzehnte hinaus wird Weißrußland unter den Folgen dieser Reaktorkatastrophe leiden und einen Großteil seines Staatshaushalts für die Beseitigung der Folgen aufwenden müssen.

Zehn Jahre danach sorgte dann der weißrussische Präsident Aljaksandr Lukašėnka erstmals für Schlagzeilen, nachdem er sich bei einem manipulierten Referendum umfangreiche Vollmachten sicherte und das demokratisch legitimierte Parlament des Landes entmachtete. Seitdem wird immer wieder von Menschenrechtsverletzungen, verschwundenen Oppositionellen und Repressionen gegen Regimekritiker berichtet. Vielfach ist vom «letzten Diktator in Europa» die Rede, der sein Land politisch immer stärker isoliert und wirtschaftlich an den Abgrund führt.

Dieses Buch will dazu beitragen, diese beiden zentralen Facetten des Lebens in Weißrußland – das Leben nach einer nuklearen Katastrophe und das Leben mit einem autokratischen Präsidenten – besser zu verstehen. Zugleich sollen aber auch die weniger bekannten Seiten des Landes dargestellt werden.

Die einzelnen Kapitel sind thematisch weitgehend abgeschlossen, so daß der Leser mit seiner Lektüre in den Teil einsteigen mag, der ihn am meisten interessiert. Vieles wird aber erst aus dem Zusammenhang verständlich. Vor allem die vielschichtigen politischen, wirtschaftlichen und kulturhistorischen Beziehungen zu den Nachbarn Rußland und Polen muß man kennen, um die aktuellen Entwicklungen zu begreifen.

Wie bereits in der ersten Auflage werden Namen und Begriffe nach ihrer weißrussischen Schreibweise transliteriert. Zwar spielt die weißrussische Sprache aufgrund der großslavischen Ambitionen Lukašėnkas derzeit nur eine Schattenrolle, viele nicht nur weißrussische Leser äußerten in Gesprächen und Rezensionen aber ihre Freude darüber, daß dem Land dadurch auch im Westen ein eigenes Gesicht gegeben und die Unabhängigkeit vom großen Nachbarn Rußland betont wird.

Nürnberg, Juli 2002 *Dirk Holtbrügge*

LAND UND LEUTE

Geographie, Territorium und Bevölkerung

Weite und Wasser

Mit einer Fläche von 207600 km² – das ist etwa ein Fünftel kleiner als die alte Bundesrepublik Deutschland – ist die im Westen der ehemaligen Sowjetunion gelegene Republik Weißrußland (weißr. Rėspublika Belarus') nach Rußland, Kasachstan, der Ukraine, Turkmenistan und Usbekistan der sechstgrößte Mitgliedsstaat der Gemeinschaft Unabhängiger Staaten (GUS). Im Westen der osteuropäischen Tiefebene liegend, senkt sich das Land vom westrussischen Landrücken allmählich nach Süden. Die höchste Erhebung des Territoriums bildet der westlich von Minsk gelegene Berg Dzeržinskaja mit einer Höhe von 346 Metern.

Die weißrussische Landschaft wird von zahlreichen Flüssen durchzogen, von denen die westliche Dzvina (Düna) und der Nëman (Memel) in die Ostsee, Pripjac' und Dnjapro (Dnepr) durch die Ukraine in das Schwarze Meer fließen. Das relativ milde Kontinentalklima mit nicht allzu strengen Wintern und mäßig warmen Sommern weist nur geringe regionale Temperaturschwankungen auf. Die durchschnittliche jährliche Niederschlagsmenge liegt zwischen 500 und 700 mm. Typisch für die weißrussische Landschaft ist ein weites, hügeliges Flachland mit vielen Mooren und Sümpfen. Etwa ein Drittel des Territoriums ist bewaldet.

Viele Menschen verbringen ihren Urlaub in den Ferien- und Erholungszentren an den Ufern der mehr als 10000 Seen und Flüsse. Der reizvollste und mit einer Fläche von fast 80 km² größte See

Weißrußland im Vergleich zu anderen europäischen Staaten

Staaten	*Fläche (in km²)*	*Einwohner (in Mio.)*	*Bevölkerungsdichte (Einwohner pro km²)*
Weißrußland	207600	10,3	49,4
Deutschland	356854	81,2	228,0
Rußland	17075000	148,0	8,7
Polen	312683	37,8	120,9

Dorfstraße mit den für Weißrußland typischen ungestrichenen Holzhäusern. – Foto: IBB

des Landes ist der im Norden des Minsker Gebietes gelegene Narač-See. Ein anderes beliebtes Ausflugsziel ist das ca. 8 km von Minsk entfernt gelegene «Minsker Meer», ein etwa 30 km^2 großes Staubecken am Oberlauf der Svislač, an dessen Ufer sich über mehr als 10 Kilometer Strandbäder erstrecken.

Nachbarn und Grenzen

Weißrußland grenzt im Nordwesten an Litauen, im Norden an Lettland, im Nordosten und Osten an Rußland, im Süden an die Ukraine und im Westen an Polen. Die Grenzen zu Rußland, der Ukraine und Litauen entsprechen dabei nicht an allen Stellen genau den ethnischen Gegebenheiten, so daß Forderungen nach Grenzrevisionen naheliegend sind: Während der nordwestliche Teil Weißrußlands von Litauen beansprucht wird, erhebt Weißrußland Ansprüche im Gebiet von Vilnius im Süden Litauens. Die Regierungen der beiden Staaten sind jedoch übereingekommen, die bestehenden Grenzen zu respektieren. Latente Gebiets-

Weißrußlands größte Städte

Minsk	1,6 Mio.	Babrujsk	221 000
Homel'	517 000	Baranavičy	159 000
Vitebsk	373 000	Barisoŭ	144 000
Mahilëŭ	364 000	Orša	137 000
Hrodna	291 000	Pinsk	119 000
Brest	284 000	Mazyr	100 000

ansprüche der Ukraine betreffen einen Teil des Verwaltungsbezirks Homel'. Weißrußland beansprucht dagegen einen Teil des Verwaltungsbezirks Žitomir von der Ukraine. Darüber hinaus gibt es Bestrebungen zur Bildung einer nationalen Gebietseinheit Polesien (Palesse) aus Teilen des zur Ukraine gehörenden Verwaltungsbezirks Wolynien und der weißrussischen Verwaltungsbezirke Homel' und Brest. Im Unterschied zu den meisten anderen ehemaligen Sowjetrepubliken ist jedoch weder mit gewalttätigen zwischenstaatlichen Auseinandersetzungen zu rechnen, noch gibt es in Weißrußland nennenswerte innerethnische Konflikte. Lediglich die polnische Minderheit in den westlichen Landesteilen bildet einen gewissen Destabilisierungsfaktor.

Nach der Hauptstadt Minsk mit 1,6 Mio. Einwohnern sind Homel' mit 517000, Vitebsk mit 373 000, Mahilëŭ mit 364 000, Hrodna mit 291 000 und Brest mit 284 000 Einwohnern die größten Städte Weißrußlands. Dementsprechend sind auch die sechs Verwaltungsbezirke (*oblasti*) benannt, in die das Land administrativ gegliedert ist.

Demographisches

Gegenwärtig hat Weißrußland 10,1 Mio. Einwohner, was etwa 3,6% der ehemaligen Sowjetunion ausmacht. 68% der Bevölkerung leben in Städten. Mit einer Bevölkerungsdichte von 49,4 Einwohnern pro km² ist Weißrußland deutlich dichter besiedelt als Rußland (8,7 Einwohner pro km²), jedoch erheblich dünner als die alte Bundesrepublik (264 Einwohner pro km²). Sinkende Geburten- und steigende Sterberaten führen gegenwärtig zu einer Überalterung der Bevölkerung. Während der Anteil der Frauen über 55 Jahre und der Männer über 60 Jahre zwischen 1979 und

1992 von 16,2 auf 20,4% angewachsen ist, hat der Anteil der Kinder unter 15 Jahren im gleichen Zeitraum von 31 auf 24% abgenommen.

Verglichen mit anderen Nachfolgestaaten der ehemaligen Sowjetunion ist der Anteil der Titularnation an der Gesamtbevölkerung mit 77,9% relativ hoch. Weitere größere Bevölkerungsgruppen sind Russen mit 13,2%, Polen mit 4,1% und Ukrainer mit 2,9%. Weißrußland hat damit eine nahezu ausschließlich slawische Bevölkerung. Die größte nichtslawische Minderheit bilden Juden, die etwa 1,1% der Gesamtbevölkerung ausmachen, gefolgt von Litauern und weiteren mehr als achtzig Nationalitäten mit einem Bevölkerungsanteil von insgesamt 0,8%. Der letzten Volkszählung von 1989 zufolge leben 2,1 Mio. Weißrussen in anderen GUS-Staaten, davon 1,2 Mio. in Rußland. Außerhalb der ehemaligen Sowjetunion sind größere Gruppen von Weißrussen in Polen sowie Exilgemeinden in Nord- und Südamerika anzutreffen.

Drei Kirchen im Aufwind

Wie in den anderen Republiken der ehemaligen UdSSR war die Kirche auch in Weißrußland über viele Jahrzehnte staatlicher Repression ausgesetzt. Waren vor der Oktoberrevolution noch 1650 orthodoxe, 127 katholische, 657 jüdische, 32 protestantische sowie einige wenige islamische Gemeinden in Weißrußland tätig, so hat sich deren Zahl seit den dreißiger Jahren stark verringert. Zahlreiche Kirchen wurden zerstört, dem Verfall preisgegeben oder für andere Zwecke genutzt. So war z. B. in der im Zentrum von Minsk gelegenen katholischen Simon-Jelena-Kirche bis zum Jahre 1988 das Haus der Filmkunst untergebracht.

Seit dem Beginn der Perestrojka und den Feiern zur tausendjährigen Christianisierung des alten Kiever Reiches, der Kiever Rus', im Jahre 1988 sind jedoch viele alte Kirchen wieder restauriert und neue Gemeinden gegründet worden. Am 17. Januar 1993 ist ein neues Religionsgesetz in Kraft getreten, das die Trennung von Kirche und Staat vorsieht und die Rückgabe des in der früheren Sowjetunion konfiszierten Eigentums regelt. Auch die Zahl der Gläubigen hat spürbar zugenommen.

Die Mehrheit der gläubigen Weißrussen gehört der Orthodoxen Kirche an, die sich seit 1989 wieder offiziell als Weißrussische Orthodoxe Kirche bezeichnen darf. Im Unterschied zur Ukraine ist diese jedoch keine selbständige Nationalkirche, sondern weiterhin dem Moskauer Patriarchat unterstellt. Entsprechend verfolgt die Weißrussische Orthodoxe Kirche eine panslavische Ideologie, derzufolge Weißrußland und die Ukraine nach wie vor als Teile Rußlands anzusehen sind. Die Leitung des Exarchats liegt seit 1991 bei Metropolit Filaret von Minsk und Weißrußland, einem 1935 in Moskau geborenen Russen. Insgesamt gab es 1999 in Weißrußland 10 orthodoxe Diözesen mit 1081 Gemeinden. Erkauft hat sich die orthodoxe Kirche ihre neuen Freiheiten auch durch den weitgehenden Verzicht auf Kritik an dem autoritären Regime von Präsident Lukašėnka. «Die orthodoxe Kirche», so lautet das Credo von Metropolit Filaret, «war, ist und wird immer mit dem Volke sein. Und wenn das Volk Präsident Lukašėnka wählt, sind wir auch mit ihm.»

Neben der Katholischen Kirche, die vor allem in den ehemals polnischen Westgebieten im Verwaltungsbezirk Hrodna ungefähr 400 Gemeinden besitzt, gewinnt in Weißrußland langsam die im August 1990 wiedergegründete Unierte oder Griechisch-Katholische Kirche an Bedeutung. Seit der Kirchenunion von Brest im Jahre 1596 bis zu ihrer Auflösung im Jahre 1839 durch den russischen Zaren Nikolaj I. gehörte ihr die Mehrheit der weißrussischen Bauern an. Die Unierte Kirche, die für die nationale und sprachliche Eigenständigkeit Weißrußlands eintritt, untersteht der päpstlichen Suprematie, hat aber weitgehend orthodoxe Riten beibehalten. Sie zählt zwar nur 11 Gemeinden im ganzen Land, wird jedoch als kirchliche Trägerin der weißrussischen Identität angesehen und wegen ihrer engen Verbindungen zur nationalen Opposition von staatlicher Seite äußerst restriktiv behandelt.

Städte und Regionen

Minsk – Schmucklose Hauptstadt und Verwaltungssitz der GUS

Die weißrussische Hauptstadt Minsk (urkundlich Menesk oder Mensk) wurde 1067 als Menesch erstmalig in einer Chronik erwähnt. Am Zusammenfluß von Svislač und Njamiga gelegen, war

Straßencafé in Minsk neben dem Club der Kriegsveteranen der Republik Weißrußland. – Foto: Dirk Holtbrügge

die Stadt seit dem Mittelalter ein wichtiges Handelszentrum zwischen dem Schwarzen Meer und der Ostsee sowie den westeuropäischen Städten und den östlichen russischen Fürstentümern. Vermutlich stammt daher auch der Name der Stadt, der sich von dem Verb *menjat'* (‹tauschen›) ableiten läßt.

Im 12. Jahrhundert wurde die Stadt als mächtige Burg an den südlichen Grenzen des Fürstentums Polacak, einem Bestandteil der Kiever Rus', gebaut. Sie war mit einem hohem Erdwall, hölzernen Befestigungen und Türmen umgeben, deren Reste heute am Platz des 8. März zu besichtigen sind. Bei Ausgrabungen der alten Stadtburg wurden auch viele Bestandteile ehemaliger Holzbauten und das Fundament einer Wehrkirche entdeckt, die aus dem 12. und 13. Jahrhundert stammen.

Nachdem im Jahre 1547 ein großer Brand die Burg und fast alle Holzhäuser der Stadt vernichtet hatte, begann man im Jahre 1589 mit der Anlage eines neuen Gesellschafts- und Handelszentrums, der Oberstadt (*verchni horad*). An dem neu errichteten zentralen Platz entstanden die wichtigsten Bürger- und Sakralbauten. Bis zum Beginn des 19. Jahrhunderts war die Oberstadt Handels-, Kultur- und Versammlungszentrum von Minsk.

Mit dem Bau der Eisenbahnlinien Moskau-Brest und Libava-Romny, die sich hier kreuzten, nahm Minsk Ende des 19. Jahrhunderts einen neuen wirtschaftlichen Aufschwung. Zwischen 1861 und 1897 verzehnfachte sich die Ausdehnung der Stadt, und die Einwohnerzahl stieg auf über 90000 an.

Das zweifellos dunkelste Kapitel der Geschichte der Stadt begann mit dem Überfall der Deutschen Wehrmacht am 22. Juni 1941. Bereits zwei Tage später stand Minsk, das damals etwa 300000 Einwohner zählte, nach heftigen Bombenangriffen in Flammen. Bei der Befreiung der Stadt durch die Rote Armee am 3. Juli 1944 waren 90% der Stadt zerstört, darunter fast 6000 Gebäude, fast alle Betriebe, das Kraftwerk, die Wasserleitungen und das Telegrafenamt.

Besonders stark mußte die jüdische Bevölkerung unter der deutschen Besatzung der Stadt leiden. Sie machte bis dahin fast die Hälfte der Einwohner aus. Unmittelbar nach dem Einmarsch der deutschen Truppen am 29. Juni wurden die Juden zwangsweise in ein Ghetto umgesiedelt, das in der Nähe des heutigen Hotels Jubilejnaja lag und überwiegend aus einstöckigen Holzhäusern bestand. Jedem Bewohner standen nicht mehr als 1,5 m^2 zur Verfügung, wobei die Küche als Wohnfläche mitgezählt wurde. Die meisten Ghettobewohner fielen entweder Hunger und Kälte zum Opfer oder kamen bei willkürlichen Erschießungen und Massen-

KZ Trastanec

Ein Mahnmal der deutschen Besatzung könnte das etwa 12 km südöstlich von Minsk gelegene ehemalige Konzentrationslager Trastenec sein, wo zwischen 1941 und 1943 206500 Menschen erschossen, gehenkt, vergast oder verbrannt wurden. Als im Herbst 1943 die Rote Armee immer näher an Minsk heranrückte, versuchten die deutschen Truppen eilig die Spuren ihrer Verbrechen zu verwischen. Bis heute werden die Reste des Lagers von Gestrüpp überwuchert, nichts erinnert mehr an diesen Ort des Schreckens. «Wenn jemand hier herkäme und nichts wüßte von all dem, was hier geschah», so schreibt der deutsche Journalist Paul Kohl in seinen Aufzeichnungen von Augenzeugen, «er würde zwischen den Bäumen und Büschen ... einen hübschen Platz für ein Picknick sehen.»

exekutionen um. Die Liquidierung des Minsker Ghettos und Ermordung aller noch darin Gefangengehaltenen im Herbst 1943 haben nur die wenigen überlebt, die in die nahegelegenen Wälder fliehen konnten. Insgesamt kamen nach Angaben der Vereinigung jüdischer Organisationen in Weißrußland etwa 100 000 jüdische Bewohner im Minsker Ghetto ums Leben, darunter rund 22 000 Juden, die zwischen 1941 und 1942 aus verschiedenen deutschen Städten hierher deportiert wurden.

Heute leben in dem politischen, wirtschaftlichen, wissenschaftlichen und kulturellen Zentrum des Landes, das seit der Auflösung der Sowjetunion im Dezember 1991 auch Verwaltungssitz der GUS ist, nahezu 1,7 Mio. Menschen auf einer Gesamtfläche von etwa 200 km^2. Das Stadtbild ist durch Gebäude im heroischen, sowjetisch-neoklassizistischen Stil sowie durch gerade und breite Straßen geprägt, die in den Jahren des Wiederaufbaus nach dem Zweiten Weltkrieg angelegt wurden. Im Vordergrund stand dabei nicht die Pflege historischen Erbes, sondern die durch das starke Bevölkerungswachstum bedingte Industrialisierung des Bauens. Thomas Bohn bezeichnet das Zentrum von Minsk deshalb auch als «Freilichtmuseum des sozialistischen Realismus».

Nachdem man Mitte der neunziger Jahre an vielen Stellen der Stadt auf Rohbauten stieß, die aufgrund des Geldmangels schon seit Jahren nicht mehr weitergebaut wurden, sind viele davon seit dem Amtsantritt von Präsident Lukašėnka fertiggestellt worden. So auch der im Stadtzentrum gelegene «Palast der Republik», dessen monströse Architektur aber in keinem Verhältnis zu seiner ökonomischen Nutzung steht.

Auch einige ältere und architektonisch interessante Gebäude sind in den letzten Jahren restauriert worden. Besonders reizvoll ist die am Ufer des Kamsamolskae-Stausees im Nordwesten des Stadtzentrums gelegene Trojzker Vorstadt (weißruss. Traeckae pradmesce), in der in den letzten Jahren auch einige Cafés, Restaurants und private Kunstgalerien entstanden sind, die man in den anderen eher tristen Stadtvierteln zumeist vergeblich sucht. Ruhepunkte in der ansonsten von Lärmbelästigung und Luftverschmutzung geplagten Stadt bilden vor allem im Frühjahr und Sommer die zahlreichen Grünanlagen und Parks, die immerhin etwa 15 % der Stadtfläche einnehmen. Der mit etwa zweihundert Hektar größte Čeluskin-Park liegt wie die meisten Grünflächen am linken Ufer der Svislač, einem Nebenfluß der Bjarėzina, die die hügelige Stadt in zwei annähernd gleich große Bezirke teilt. Mitten am zentralen Francišak-Skaryna-Prospekt liegt der Janka-Kupala-Park, an dessen höchstem Punkt sich das 1933 erbaute Große Staatliche Akademische Theater für Oper und Ballett befindet. Ein Besuch lohnt sich hier genauso wie der Besuch eines Konzerts in der weiter stadtauswärts gelegenen Philharmonie, die von 1995 an einige Jahre lang von dem Münchener Chefdirigenten Pierre-Dominique Ponnelle geleitet wurde.

Vitebsk – Geburtsort Chagalls und Wiege der künstlerischen Avantgarde

Auf den ersten Blick erinnert in Vitebsk (weißruss. Vicebsk) nur wenig an die heute weltbekannten Künstler der russischen Avantgarde, die hier zu Beginn der zwanziger Jahre des letzten Jahrhunderts ihre Wirkungsstätte hatten. Von Minsk kommend fährt man auf einer breiten Chaussee an den gleichen eintönigen Plattenbau-Hochhäusern vorbei, die auch das Bild vieler anderer Städte in der ehemaligen Sowjetunion prägen. Und wie an vielen anderen Schauplätzen des Zweiten Weltkriegs erinnern auch hier zahlreiche monumentale Denkmäler daran, daß Vitebsk durch den Überfall der deutschen Wehrmacht fast vollständig zerstört wurde und nahezu 100000 Einwohner, darunter der Großteil der jüdischen Bevölkerung, ums Leben kamen. Mehr als einhundert Jahre zuvor hatte bereits Napoleon, der im Juli 1812 hier eine Zwischenstation auf seinem Rußland-Feldzug eingelegt hat, großes Leid und Elend über die Stadt gebracht.

Am Knotenpunkt der Ende des letzten Jahrhunderts errichteten Eisenbahnlinien Sankt Petersburg-Odessa und Riga-Orël gelegen, war Vitebsk schon vor dem Ersten Weltkrieg Industriestandort. Da sich dort aber fast nur kleinere Betriebe ansiedelten, lag die Industrialisierung bis zum Ende des Zweiten Weltkriegs weit unter dem sowjetischen Durchschnitt. Erst in den fünfziger und sechziger Jahren wurden hier mehrere große Betriebe errichtet, darunter die Schuhfabrik «Roter Oktober», die zusammen mit der bundesdeutschen Salamander AG im Jahre 1988 eines der ersten Joint Ventures in der ehemaligen Sowjetunion gegründet hat.

Berühmt wurde Vitebsk aber vor allem durch den Maler Marc

Marc Chagall, 1905/1906

Marc Chagall: Das blaue Haus, 1920,
Musée d' Art Moderne, Lüttich

Chagall, der am 7. Juli 1887 in der Vitebsker Vorstadt Peskovatik als ältestes von acht Kindern geboren wurde und hier bei dem Provinzporträtisten und Salonmaler Jehuda Pen seinen ersten Kunstunterricht erhielt. Marc Chagall hat bis zum Jahre 1906 und nach der Gründung der Kunstakademie im Jahre 1918 nochmals für mehr als zwei Jahre in Vitebsk gelebt. Aber auch die Studienjahre in Sankt Petersburg und Paris waren immer wieder von längeren oder kürzeren Aufenthalten in Vitebsk unterbrochen. Bei einem dieser Besuche lernte Chagall seine erste Frau Bella Rozenfeld kennen, mit der er bis zu ihrem unerwarteten tragischen Tod am 2. September 1944 glücklich zusammenlebte und die er auf zahlreichen Bildern verewigt hat.

Auch für Chagalls künstlerisches Schaffen hatte Vitebsk eine außerordentlich große Bedeutung. Im Jahre 1897 zählte Vitebsk bei einer Gesamtbevölkerung von 65 371 Bürgern 39 520 jüdische Einwohner. Die meisten davon waren assimiliert und russifiziert. Wie in Galizien und weiten Teilen Polens war der volkstümliche mystische Chassidismus weit verbreitet, der gegen die rabbinische Gelehrsamkeit, Vernunft und Logik der Talmud-Juden die Bedeutung von Musik, Tanz und Gefühlen betonte. Dieses jüdische Vitebsk ist auf unzähligen Bildern Chagalls präsent und nicht selten nur durch einen imaginären Fluß vom Eiffelturm in seiner späteren Heimat Paris getrennt.

Heute ist Vitebsk Gebietshauptstadt und mit knapp 373 000 Einwohnern die drittgrößte Stadt Weißrußlands. Obwohl die Preise niedriger als in der Hauptstadt Minsk sind, wird der Alltag auch hier von Inflation und der Angst vor Arbeitslosigkeit beherrscht. Und je bedrückender die Mühen und Entbehrungen der Gegenwart, desto mehr schwindet das Interesse der Menschen an der Geschichte ihrer Stadt. Kaum jemand der Einwohner weiß, wo sich das ehemalige Wohnhaus von Chagall oder die frühere Kunstakademie befinden. Und auch im größten Buchgeschäft der Stadt direkt am zentralen Siegesplatz findet man statt Büchern oder Postkarten von und über Chagall, Kazimir Malevič oder Ėl' Lisickij vor allem amerikanische Kriminalromane und Poster von Arnold Schwarzenegger und anderen Film- und Popstars.

Doch schon wenn man einige hundert Meter auf der Hauptstraße, die immer noch Leninstraße heißt, entlanggeht und an einem kleinen Eckhaus eine im Stil des Konstruktivismus bemalte

Fassade entdeckt, fühlt man sich in die zwanziger Jahre zurückversetzt.

Diese Fassade ist allerdings kein Original aus der Zeit nach dem Ersten Weltkrieg, sondern wurde erst vor einigen Jahren von den Mitgliedern der Künstlergruppe *Kvadrat* nach einem Entwurf von Kazimir Malevič (1878–1935) gestaltet. Dieser hat zwischen September 1919 und 1922 in Vitebsk gelebt und als Nachfolger von Marc Chagall die junge Kunstakademie geleitet. Während dieser Zeit entstanden nicht nur eine Vielzahl architektonischer und städtebaulicher Entwürfe und viele seiner suprematistischen Gemälde, sondern auch die 1920 erschienene Broschüre «Suprematismus», in der Malevič die theoretischen Grundlagen dieser von ihm begründeten Kunstrichtung dargelegt hat. Zugleich war Malevič Anziehungspunkt vieler Künstler wie Vera Ermolaeva, die hier vor allem Bühnenbild- und Kostümentwürfe für das Theater gefertigt hat, Nikolaj Suetin (1897–1954) und Ėl' Lisickij (1890–1941), der zwischen 1919 und 1920 in Vitebsk gearbeitet hat.

In dem grünen, zweistöckigen Gebäude der ehemaligen Kunstakademie in der vulica praŭda Nr. 5 ist heute das Rechenzentrum einer Filiale des staatlichen Bauministeriums untergebracht. Nicht einmal eine Gedenktafel erinnert daran, daß hier mehrere der bedeutendsten Künstler des 20. Jahrhunderts tätig waren. Und obwohl Malevič und Lisickij in Vitebsk ausgesprochen produktiv waren, existiert in der Stadt kein einziges ihrer hier entstandenen Bilder oder architektonischen Entwürfe mehr. Zum 110. Geburts-

Suprematistische Konfetti

«Eine sonderbar provinzielle Stadt», schrieb der russische Filmregisseur Sergej Ėizenštejn in seinen Erinnerungen an Kazimir Malevič über Vitebsk. «Wie viele Städte des westlichen Kreises aus roten Ziegeln gebaut. Doch diese Stadt ist besonders sonderbar. An den Hauptstraßen sind die roten Ziegel mit weißer Farbe bedeckt. Und vor dem weißen Hintergrund verlaufen grüne Kreise, orangefarbene Quadrate, blaue Winkel. Das ist Vitebsk im Jahre 1920. Auf seinen Mauern erkennt man die Hand von Kazimir Malevič. Vor den Augen erscheinen orangene Kreise, rote Quadrate, grüne Trapeze. Suprematistische Konfetti, die sich über die Straßen der verblüfften Stadt erstrecken.»

tag von Malevič im Jahre 1988 konnte lediglich die bisher einzige Ausstellung mit Photos und Dokumenten im Vitebsk organisiert werden.

Auch Marc Chagall hat seiner Heimatstadt kein einziges Gemälde hinterlassen. In dem vor wenigen Jahren eingerichteten «Art-Center Marc Chagall» befinden sich lediglich vier Lithographien, die dem Museum von einem deutschen Sammler geschenkt worden sind. Sonst hängen dort nur Reproduktionen von zwischen 1906 und 1922 entstandenen Werken – Geschenke der Frankfurter Schirn-Kunsthalle. 1991, während der ersten «Chagall-Tage», die seitdem jährlich stattfinden, konnten zumindest für einige Wochen mehrere Originale gezeigt werden, darunter die Wandgemälde für das jüdische Theater in Moskau.

Anders als das nahe der Kathedrale gelegene ehemalige Wohnhaus der Familie Rozenfeld, das nach dem Krieg abgerissen wurde, ist das Wohnhaus der Familie Chagall in der vulica pakroŭskaja Nr. 11 nahe der Ilinskij-Kirche und dem Bahnhof auf dem rechten Ufer der Dzvina noch erhalten. Im Juli 1997 wurde es mit Hilfe einer Bürgerinitiative aus der deutschen Partnerstadt Nienburg restauriert und in ein Museum umgewandelt. Dort sind nun unter anderem Familienfotos, historische Aufnahmen von Vitebsk und Motive Chagalls auf einer großen Videoleinwand zu sehen.

Zur Zeit Chagalls hatte Vitebsk mit seiner ungepflasterten, je nach Wetter entweder morastigen oder staubigen Dorfstraße noch einen stark ländlichen Charakter. Jüdische Händler trieben regen Handel mit Riga und dem Ausland oder verkauften ihre Waren in den Läden der großen russischen Städte. Es gab mehrere Synagogen, Gebetshäuser und Schulen, eine Rabbinerschule sowie ein jüdisches Krankenhaus.

Heute besteht das mittelalterliche Schtetl, in dem Marc Chagall aufwuchs, nur noch in der Erinnerung. «Die Holzhäuser von Vitebsk», so schreibt der Chagall-Biograph Sidney Alexander, «wurden dazu mißbraucht, die Verbrennungsöfen von Treblinka in Gang zu halten. Seine bärtigen, fiedelnden Juden, die auf den Dächern sitzen oder über der Stadt schweben, sind ins Paradies geflogen – auf dem Umweg über die Hölle.» Nach seiner Übersiedlung nach Frankreich im Jahre 1923 hat Chagall Vitebsk deshalb nie wieder besucht, auch nicht während seiner einwöchigen

Reise in die UdSSR im Juni 1973. «Dieser kluge alte Mensch», so der weißrussische Schriftsteller Vasil' Bykaŭ, «verstand, daß er nicht mehr finden konnte, was es nicht mehr gab. Das Nachkriegs-Vitebsk ist eine vollkommen veränderte Stadt, und er wollte die ihm teuren Erinnerungen nicht zerstören.»

Eine Reise nach Vitebsk ist damit auch eine Reise in eine metaphysische Stadt. Wie in den Bildern von Chagall, der nie nur das gemalt hat, was er sah, sondern immer auch das, was er fühlte, ist in Vitebsk vieles nicht unmittelbar sichtbar. Für denjenigen, der sich auf einen zweiten Blick einläßt, hält diese Stadt aber auch heute noch manche surreale Überraschung bereit.

Vitebsk zur Zeit Chagalls

«Wenn man die vergilbten Bewohner der Photoalben wieder zum Leben erweckt, wenn man in der Vorstellung diese ganze verschwundene Welt, welche die Deutschen zerstört haben, wieder aufrichtet, so hat man doch nur eine geisterhaft blasse Karte von Chagalls Land vor sich. Während die dominierende Farbe des wirklichen Schtetl die des Lehms war, ist Chagalls Schtetl in orientalische Farbenpracht getaucht. Seine Holzhäuser sind märchenhaft, sind der Ort, wo gute Feen und Dämonen wohnen, sind ein Ort der Träume, auch wenn die realen Vorbilder eher traurige Behausungen waren.

Wie sah das wirkliche Vitebsk aus? Gewiß war es kein kleines jüdisches Dorf ... Natürlich gab es auch dorfartige jüdische Siedlungen um und in der Stadt, aber selbst diese haben mit Chagalls Schtetl nichts zu tun. Das Chagallsche Schtetl ist genausowenig ein geographischer Ort wie der ‹Raum›, in dem eine mittelalterliche ‹Fond'oro›-Madonna sitzt. Das Chagallsche Blau ist ebenso metaphysisch wie das mittelalterliche Gold. Da der Himmel kein geographischer Ort ist, gibt es auch keine Gesetze der Perspektive; da Chagalls Geschöpfe den Himmel (oder die Hölle) bevölkern, besteht kein Grund, warum sie dem Gesetz der Schwerkraft oder irgendeinem anderen Gesetz gehorchen müßten. Die Kunst, Erscheinungen wiederzugeben, hat nichts mit visionärer Kunst zu tun. Visionäre haben keine visuelle Gabe.»

Aus: Sidney Alexander: Marc Chagall, S. 11–12.

Brest – Grenzstadt mit weltgeschichtlicher Bedeutung

Die an der Grenze zu Polen gelegene Stadt Brest (weißr. Brėst, poln. Brześć) kennt fast jeder, der einmal mit dem Zug in die ehemalige Sowjetunion eingereist ist. Zumeist nachts verbringt man Stunden auf dem dortigen Grenzbahnhof, um auf den Wechsel der Zugachsen von der schmaleren europäischen auf die in der ehemaligen Sowjetunion gebräuchliche breitere Spurweite zu warten. Autofahrer denken bei dem Stichwort Brest dagegen vor allem an die oft kilometerlangen Schlangen, die sich beiderseits der polnisch-weißrussischen Grenze bilden.

Mit der Stadt Brest sind jedoch – neben der bereits erwähnten Kirchenunion von Brest im Jahre 1596 – auch drei Ereignisse von weltpolitischer Bedeutung verbunden, die die Geschichte der ehemaligen Sowjetunion gleichsam einrahmen.

Der Frieden von Brest-Litovsk (so hieß die Stadt bis 1921), den Rußland am 3. März 1918 mit Deutschland, Österreich-Ungarn, der Türkei und Bulgarien schloß, verschaffte der bolschewistischen Regierung die Atempause, die diese zur Vorbereitung des entscheidenden Kampfes gegen die «Weißen» dringend benötigte. Noch am 10. Februar 1918 hatte der damalige Volkskommissar für Äußeres Lev Trockij die von den Mittelmächten diktierten Friedensbedingungen in der festen Hoffnung auf die bevorstehende Weltrevolution als für Rußland untragbar abgelehnt. Nachdem sich diese Hoffnung jedoch zerschlagen hatte und die militärische Situation nach einem erneuten Vordringen der Mittelmächte bis kurz vor die Tore Petrograds immer auswegloser wurde, konnte sich Lenin am 23. Februar 1918 durchsetzen und dem Zentralkomitee die Bereitschaft zur Unterzeichnung des Friedensabkommens abringen. Rußland verzichtete darin auf Estland, Lettland, Litauen und Polen und mußte die Ukraine sowie Finnland als selbständige Staaten anerkennen. Mit Ausnahme eines Teils des Gouvernements Mahilëŭ und Vitebsk gelangten damit etwa vier Fünftel des weißrussischen Territoriums unter deutsche Besatzung.

Der Name der Stadt Brest ist darüber hinaus untrennbar mit dem Überfall der deutschen Wehrmacht auf die Sowjetunion im Juni 1941 verbunden. Die Garnison der unmittelbar an der Grenze zu Polen gelegenen Brester Festung war eine der ersten, die von

Die Moskowskaja-Straße im Zentrum von Brest. –
Foto: Jürgen Ost u. Europa Photo

den deutschen Truppen angegriffen wurde. Für den fast einen Monat anhaltenden Widerstand gegen die Belagerer wurde der Brester Festung vom Obersten Sowjet der UdSSR später der Titel «Heldenfestung» verliehen. Heute befinden sich in den Ruinen der nach dem Zweiten Weltkrieg nicht wieder aufgebauten Festung mehrere Denkmäler und ein historisches Museum. Hier ist auch die Ruine des Weißen Palais zu besichtigen, in dem 1918 der Friedensvertrag von Brest unterzeichnet wurde.

Ein letztes Mal rückte der Name der Stadt Brest schließlich in den Blickpunkt der Weltöffentlichkeit, als sich der damalige russische Präsident Jelzin, der damalige ukrainische Präsident Kravčuk und der damalige weißrussische Parlamentspräsident Šuškevič am 7. und 8. Dezember 1991 trafen, um die Sowjetunion aufzulösen und durch eine lose Gemeinschaft Unabhängiger Staaten zu ersetzen. Ort des Treffens war die weißrussische Regierungsdatscha Viskuli in der nordwestlich von Brest gelegenen Belowescher Heide (Belavežskaja pušča). Ein Besuch dieses sich beiderseits der polnisch-weißrussischen Grenze erstreckenden und gemeinsam verwalteten Nationalparks lohnt sich jedoch nicht nur für zeitgeschichtlich Interessierte, sondern bietet auch die einzigartige Möglichkeit, die letzten in Europa lebenden Wisente und andere seltene Wildtiere und Vögel in freier Natur beobachten zu können.

Hrodna – Multikulturelle Drehscheibe mit polnischem Erbe

Die erste schriftliche Erwähnung von Hrodna (poln. Grodno), dessen Name wahrscheinlich von *ogorodit'* (‹einzäunen, umzäunen›) abstammt, findet sich in einer Chronik aus dem Jahre 1128. Zu dieser Zeit war Hrodna Sitz eines eigenständigen Fürstentums, bevor es zu Beginn des 13. Jahrhunderts für etwa zehn Jahre unter mongolisch-tatarische Herrschaft fiel. Gegen 1250 wurde die Stadt vom litauischen Großfürsten Mindaugas dem Großfürstentum Litauen einverleibt und nach der Union von Lublin im Jahre 1569 zum Bestandteil der polnischen Adelsrepublik (Rzeczpospolita szlachecka) erklärt.

Auch das Ende der polnischen Adelsrepublik ist eng mit der Stadt Hrodna verbunden. Am 17. Juni 1793 wurde dort ein polnischer Sejm einberufen, der am 22. Juli die Zweite Polnische Teilung anerkennen mußte. Kurze Zeit später fiel die Stadt an Rußland und blieb bis zur Oktoberrevolution Gouvernementstadt des Zarenreiches. Nach dem sowjetisch-polnischen Krieg wurde Hrodna am 18. März 1921 im Frieden von Riga an Polen abgetreten, bevor die Stadt als Ergebnis des Hitler-Stalin-Pakts im Jahre 1939 schließlich Bestandteil Weißrußlands wurde.

Diese wechselvolle Geschichte der multikulturellen Stadt an der polnisch-weißrussisch-litauischen Grenze, in der es auch heute noch eine große polnische Minderheit gibt, lebt zum Teil in der Architektur weiter: Kunsthistorisch besonders wertvoll ist die am rechten Ufer des Nëman gelegene Borisoglebskij-Kirche, die aus der zweiten Hälfte des 12. Jahrhunderts stammt. Einen Besuch wert ist auch das ehemalige Wohnhaus des Dichters Maksim Bahdanovič sowie das historisch-archäologische Museum der Stadt,

Das Wehrschloß Mir, im Stil der weißrussischen Steingotik im 15./16. Jahrhundert erbaut, gilt als das wohl bedeutendste Kulturdenkmal Weißrußlands. – Foto: Dirk Holtbrügge

in dem eine ständige Ausstellung an den 1838 in Hrodna geborenen weißrussischen Sozialrevolutionär Kastus Kalinoŭski erinnert.

Im Südosten des Verwaltungsbezirks Hrodna liegt Navahradak (poln. Nowogródek, russ. Novogrudok), die erste Hauptstadt des Großfürstentums Litauen und Geburtsstadt des polnischen Nationaldichters Adam Mickiewicz. Unweit davon befindet sich das vielleicht bedeutendste Kulturdenkmal des «Goldenen Zeitalters» der weißrussischen Geschichte, das Wehrschloß Mir. Seit der Unabhängigkeit des Landes richten sich die Bemühungen von Historikern und Kunstgeschichtlern darauf, dieses im Stil der weißrussischen Steingotik im 15. und 16. Jahrhundert erbaute und durch seine felsenähnlichen Türme hervorstechende Schloß vor dem drohenden Verfall zu retten und als nationales Erbe für die Nachwelt zu erhalten. Doch trotz finanzieller Unterstützung durch die UNESCO fehlt noch immer das Geld, um die schweren Schäden aus der Zeit der Napoleonischen Kriege, der deutschen Okkupation und der sowjetischen Kulturpolitik beseitigen zu können. Als Besucher kann man bislang nur einen Schloßflügel mit prachtvoll gestalteten Ausstellungsräumen besichtigen, der die architektonische und kulturhistorische Einzigartigkeit des Monumentalbaus aber zumindest erahnen läßt.

Homel' und Mahilëŭ – Geißeln der sowjetischen Atompolitik

Seit der Reaktorkatastrophe, die sich am 26. April 1986 im ukrainischen Tschernobyl (ukr. Čornobyl') ereignet hat, sind die Gebiete Homel' (russ. Gomel') und Mahilëŭ (russ. Mogilëv) zu Mahnmalen für die verheerenden Folgen der sowjetischen Atompolitik geworden. Die an diesem Tag herrschende Windrichtung hatte dazu geführt, daß über 70% des radioaktiven Fallouts im Süden und Süd-Osten Weißrußlands niedergingen. Weite Teile des Gebietes Mahilëŭ und mehr als 70% der Fläche des Verwaltungsbezirks Homel' wurden dadurch mit einer Dosis von mehr als 1 Curie Cäsium-137/km^2 kontaminiert. Viele Gebiete sind noch weitaus stärker belastet.

Die radioaktive Verseuchung hat zu schwerwiegenden gesundheitlichen Folgen für die Bevölkerung geführt. So traten im Gebiet Homel' zwischen 1987 und 1991 zweiundzwanzigmal mehr Fälle von Schilddrüsenkrebs bei Kindern auf als in den letzten Jahren vor der Katastrophe. Steigende Tendenz weisen auch die Fälle von Hals-Nasen-Ohren-Krankheiten, von Herz- und Gefäßkrankheiten, von Krankheiten des Verdauungssystems und von Anämie bei Kindern auf. Sowohl bei Kindern wie bei Erwachsenen zeigen sich häufige Störungen des Immunsystems. Besonders erschreckend ist, daß die Zahl der mißgebildeten Kinder stark zugenommen hat.

Die weißrussische Führung hat auf die Reaktorkatastrophe von Tschernobyl lange Zeit mit Untätigkeit und Desinformation reagiert. Zwar wurden die am stärksten kontaminierten Gebiete zu Sperrzonen erklärt und die Landwirtschaft in diesen Gebieten eingestellt, noch immer leben aber etwa zwei Millionen Menschen in Gebieten, in denen beispielsweise die Belastung des Grundwassers bis zum Zehnfachen des Grenzwertes beträgt.

In letzter Zeit sind zudem viele Menschen aus Bürgerkriegsgebieten wie Tschetschenien und Transnistrien illegal in die Sperrzonen gekommen, weil sie hier unbewohnte Häuser und Ackerboden vorfinden. Wirtschaftliche Not und Bürgerkrieg scheinen für diese Menschen schlimmer als die Angst vor radioaktiver Strahlung zu sein, über die sie häufig wenig wissen und deren Auswirkungen sich oft erst nach Jahren zeigen.

Diese erschreckende Situation hat seit dem Ende der achtziger Jahre zahlreiche private Initiativen aus der Bundesrepublik und anderen westeuropäischen Staaten bewegt, die von den Folgen der Tschernobyl-Katastrophe betroffenen Menschen durch vielfältige medizinische und humanitäre Hilfsmaßnahmen zu unterstützen. Besondere Aufmerksamkeit wird dabei den etwa 500000 Kindern geschenkt, die in den am stärksten belasteten Gebieten leben und unter den schrecklichen Krankheitsfolgen am meisten leiden. Zu den Projekten, die mit ausländischer Hilfe realisiert werden konnten, zählt z. B. die Errichtung eines Schilddrüsenzentrums in Homel', der mit rund 517000 Einwohnern zweitgrößten Stadt Weißrußlands, in dem jährlich bis zu 10000 Kinder und Jugendliche untersucht und behandelt werden. Auch viele Kinder, die durch Unterstützung privater Spender für mehrwöchige Erholungsaufenthalte zu Gasteltern in die Bundesrepublik reisen, kommen aus den Gebieten Homel' und Mahilëŭ.

Deutscher Panzer vor dem Haus des Sowjet in Minsk, 1941. –
Foto: Scherl/Süddeutscher Verlag Bilderdienst

GESCHICHTE

Frühe Geschichte

Archäologische Funde belegen, daß das Gebiet Weißrußlands bereits seit etwa 8000 bis 11 000 Jahren besiedelt ist. Die heutigen Weißrussen gehen wahrscheinlich auf die ostslawischen Stämme der Dregovičen, Radmičen und Krivičen sowie den nördlichen Zweig der Drevljanen zurück, die sich im 1. Jahrhundert in Pinsk und Turaŭ (Turov), Homel' (Gomel') und Polacak (Polozk) herausgebildet haben. «Vor 1000 Jahren», so schreibt der weißrussische Historiker Uladzimir Karatkevič in seinem 1983 in deutscher Sprache erschienenen Buch «Land unter weißen Flügeln», «war der größte Teil Weißrußlands von wildem und finsterem Urwald bedeckt; er hat den Charakter der Weißrussen geformt, der Mensch und der Wald sind verwandt, und darum liebt der Weißrusse ihn. [...] Dort, wo ein anderer die Arme sinken läßt, wird sich der Weißrusse ins Zeug legen. Anders hätte in alten Zeiten der Mensch in diesen undurchdringlichen Wäldern und endlosen Sümpfen, auf diesem kargen Boden nicht überlebt. Und diese Zähigkeit hat sich über Jahrhunderte in seinem Charakter erhalten.»

Seit dem 10. Jahrhundert war das Gebiet des heutigen Weißrußland Bestandteil der Kiever Rus'. Die Nestorchronik aus jener Zeit berichtet von dem slawischen Stamm der Drevljanen (Waldbewohner), die im Gebiet Weißrußlands, Polesiens (Palesse), des nördlichen Waldlandes und der Pripjac'-Sümpfe arm und in großem Kontrast zu dem reichen und urbanen Kiev lebten. Nach dem Zerfall der Kiever Rus' in der 2. Hälfte des 11. Jahrhunderts fiel Pinsk an Groß-Novgorod und Brest an das Fürstentum Vladimir-Wolynien, während in den Gebieten um Polacak, Minsk und Vitebsk das Fürstentum Polacak entstand, das heute vielfach als erstes bedeutendes Zentrum weißrussischer Kultur und Staatlichkeit bezeichnet wird.

Die Herkunft des Namens «Belarus'» (Weißrußland) ist nicht mit Sicherheit geklärt. Nach Auffassung des in den USA lebenden weißrussischen Historikers Jan Zaprudnik könnte sich das Attribut *belyj* (‹weiß›) auf die Schönheit des Landes, die im Winter schneebedeckte Landschaft oder die weiße Gesichtsfarbe seiner Bewohner beziehen. Nach einer anderen Auslegung ist der Begriff

Ein Sohn des Fürstentums Polacak: Francišak Skaryna

«Polacak ist immer – zusammen mit Vilnjus – die geistige Hauptstadt Weißrußlands geblieben. Eben hier wurde um das Jahr 1490 der Aufklärer Francišak Skaryna geboren. Zwei Konfessionen streiten sich heute wegen ihm und versuchen herauszufinden, warum er einen katholischen Namen trug, eine Katholikin heiratete, jedoch seine Bücher in weißrussischer Sprache herausgab, und zwar für Orthodoxe. Einige Forscher glauben, daß das dadurch zustande kam, daß Skarynas Familie orthodox war, er selbst aber seine Bildung im katholischen Westen erhielt und dort auch zum Katholizismus übertrat. Für uns ist das nicht wichtig. Wichtig ist nur, daß dieser Sohn des Polacaker Landes, der in Padua (Italien) das Diplom eines ‹Doktors der Heilswissenschaften› erhielt und eine ruhmreiche Person der Universität von Padua wurde, dieser Doktor der Philosophie, Astronom und Aufklärer zwischen 1517 und 1519 in Prag Bibeln in weißrussischer Sprache druckte (seine Übersetzung erschien früher als die deutsche Bibelübersetzung Luthers) und danach in Vilnjus seine Druckerei einrichtete, wo er die Herausgabe von Büchern ‹für die einfachen Leute› fortsetzte ... Francišak Skaryna hat in seinen Vorworten die herrliche Stadt Polacak verewigt, er selbst aber wurde im Jahre 1551 in Prag beigesetzt, und sein Grab ist der Nachwelt verloren gegangen.»

Aus: W. Ipatawa, S. 116

belyj auf den Großfürsten Andrej Bogulubskij zurückzuführen, der nach der Einnahme von Kiev im Jahre 1169 den Titel «Großfürst Beloruskij» angenommen hat, um damit seinen wahren orthodoxen Glauben zu unterstreichen. Zunehmend berufen sich weißrussische Historiker auch auf die Farbsymbolik der alten Welt, nach der «weiß» immer «westlich» bedeutete. Am wahrscheinlichsten ist jedoch die Erklärung, daß der westliche Teil der Kiever Rus' mit den Fürstentümern Polacak, Minsk, Smolensk, Turaŭ und Vitebsk, der im 13. Jahrhundert nicht unter mongolisch-tatarische Herrschaft geriet, als «weiße Rus'» bezeichnet wurde, während die tributpflichtigen östlichen Gebiete mit dem Begriff «schwarze Rus'» belegt wurden.

Das «Goldene Zeitalter»

Die aus heutiger Sicht glanzvollste Epoche der weißrussischen Geschichte, die vielfach auch als das «Goldene Zeitalter» bezeichnet wird, begann mit der Einverleibung der weißrussischen Teilfürstentümer in das Großfürstentum Litauen durch den litauischen Großfürsten Mindaugas in der ersten Hälfte des 13. Jahrhunderts. Nach der Vereinigung des Großfürstentums Litauen und des Königreichs Polen in der Union von Krevo im Jahre 1385, untermauert durch die Heirat des litauischen Großfürsten Jogaila (poln. Jagiełło) mit der polnischen Königin Jadwiga im Jahre 1386, löste sich Weißrußland von russischen Einflüssen und orientierte sich nach Westen. Gleichzeitig konvertierte der litauische Adel zur Katholischen Kirche, während die ärmeren Schichten, insbesondere die Bauern, weiterhin dem orthodoxen Christentum angehörten.

In der Union von Lublin im Jahre 1569 wurde die Verbindung zwischen Polen und Litauen bestärkt. Die polnisch-litauisch-weißrussische Rzeczpospolita, die mit ihrer freiheitlichen Adelsdemokratie in starkem Widerspruch zum damals aufkommenden Absolutismus stand, wurde zum größten Staatsgebilde im Europa der frühen Neuzeit. Es reichte von der Ostsee bis zum Schwarzen Meer und umfaßte neben Polen, Litauen und dem heutigen Weißrußland auch große Teile der Ukraine und mehrere russische Gebiete.

Von weißrussischen Historikern wird heute auf die besondere Bedeutung hingewiesen, die den Weißrussen im Großfürstentum Litauen und später in der Rzeczpospolita zukam. Zwar waren seine politische Führung und seine Fürstendynastie der Gediminiden litauisch, Weißrussen bildeten jedoch die Bevölkerungsmehrheit, und Weißrussisch diente bis zum Jahre 1697 als Kanzleisprache. Auch die drei Litauischen Statute von 1529, 1566 und 1588 waren in weißrussischer Sprache abgefaßt. Viele weißrussische Städte wurden zu wichtigen Handwerks- und Handelszentren und trugen wesentlich zur wirtschaftlichen Entwicklung des Großfürstentums bei. Das Magdeburger Stadtrecht, das Vilnius (Wilna) (1387), Brest (1390), Hrodna (1391 und 1496), Polacak (1498), Minsk (1499), Vitebsk (1597) und anderen Städten zuerkannt wurde, ermöglichte dabei eine weitgehende Unabhängigkeit und das Recht auf Selbstverwaltung. Die Städte wurden von gewählten Räten und jeweils zwei Bürgermeistern geleitet, die zusammen den Magistrat bildeten. Dieser repräsentierte die Gerichtsbarkeit, wachte über den Handel sowie die Einhaltung der Maße und Gewichte und erhob Steuern. Die Fürstentümer Polacak und Vitebsk genossen darüber hinaus das besondere Privileg der territorialen Zusammengehörigkeit sowie der Integrität des feudalen und städtischen Besitzes.

Unter russischer Herrschaft

Mit der Auflösung der polnisch-litauisch-weißrussischen Rzeczpospolita im Zuge der dritten polnischen Teilung im Jahre 1795 fiel der größte Teil Weißrußlands an Rußland. Während dieses Ereignis von sowjetischen Historikern in der Vergangenheit im Sinne der Vorstellung einer unteilbaren slawischen Einheit als Wiedervereinigung mit Rußland interpretiert wurde – dasselbe gilt übrigens für die Ukraine –, sprechen weißrussische Historiker heute zumeist von der Auflösung der ersten Form weißrussischer Staatlichkeit.

Tatsächlich verloren die weißrussischen Gebiete im Zuge der russischen Herrschaft zunehmend ihre Unabhängigkeit. Innerhalb der russischen Regierung und der Mehrheit der russischen Öffentlichkeit setzte sich mehr und mehr die Auffassung durch, daß die westlichen Gouvernements von alters her russisch seien, Weißrussen als Teil des russischen Volkes gegen die Polen geschützt und die russische Nationalität und die Orthodoxie wiederhergestellt werden müßten. Auch fast 200 Jahre später, nach dem Zerfall der Sowjetunion, ist diese «großrussische» Haltung nach wie vor lebendig. «Nur durch das entsetzliche Unglück der Mongolenüberfälle», schrieb der russische Schriftsteller Aleksandr Solženicyn in seinem 1990 erschienenen Manifest «Rußlands Weg aus der Krise», «und später durch die polnische Kolonialherrschaft hat sich unser Volk in drei Zweige gegliedert. [...] Unter litauischer und polnischer Herrschaft waren Kleinrussen und Weißrussen sich ihres Russentums bewußt, und sie widerstanden allen Versuchungen, zu Polen und zum Katholizismus abzufallen.»

Folgerichtig wurde die Unierte Kirche, der seit der Kirchenunion von Brest im Jahre 1596 die Mehrheit der weißrussischen

Bauern angehörte, im Jahre 1839 durch Zar Nikolaj I. aufgelöst. Alle mit Rom unierten Weißrussen wurden in die Russisch-Orthodoxe Kirche eingegliedert. Im folgenden Jahr wurde das Litauische Statut außer Kraft gesetzt und die gesamte russische Gesetzgebung auf Weißrußland ausgedehnt. Gleichzeitig wurden die weißrussischen Gouvernements in «westliche Gouvernements» bzw. «nord-westliches Randgebiet» umbenannt und damit die Bezeichnung «weißrussisch» aus dem offiziellen Sprachgebrauch getilgt.

Die Unzufriedenheit mit dieser Russifizierungspolitik, die sich vor allem im verarmten Kleinadel und den demokratischen Schichten der Stadtbevölkerung breitmachte, führte im Jahre 1863 zu einem Aufstand gegen das Zarenreich. Als Reaktion darauf wurde die sprachlich-kulturelle Russifizierung der westlichen Gouvernements weiter verschärft. Ausdruck dafür war das Druckverbot für weißrussische Schriften im Jahre 1867, das erst 1905 wieder aufgehoben wurde.

Kastus Kalinoŭski – ein Nationalheld

Der Anführer des Aufstands von 1863 war der 1838 in Hrodna geborene Kastus Kalinoŭski. Er bezeichnete sich selbst als Litauer, sprach jedoch weißrussisch. Nach seiner Rückkehr aus Sankt Petersburg, wo er bis zum Jahre 1860 an der Juristischen Fakultät der Universität studierte, rief Kalinoŭski die Bevölkerung auf, sich gegen das Zarenregime zu wehren. Seine Bemühungen, auch die weißrussischen Bauern, die damals mit Abstand größte Bevölkerungsgruppe, zum bewaffneten Kampf zu mobilisieren, blieben jedoch weitgehend erfolglos, und die Aufstände schlugen fehl. Kalinoŭski wurde im Januar 1864 in Vilnius gefaßt, zum Tode verurteilt und am 22. März 1864 hingerichtet. In Weißrußland wird er heute wie ein Nationalheld verehrt.

Zögerliches Erwachen des weißrussischen Nationalbewußtseins

Daß die nationale Bewegung in Weißrußland im Gegensatz zu anderen Regionen des Zarenreichs nur sehr schwach ausfiel und weitgehend folgenlos blieb, ist vor allem in der sozialen Struktur der weißrussischen Bevölkerung und dem Fehlen einer nationalen

Intelligenzija begründet. Nach der Volkszählung von 1897 lebten 99% der Weißrussen in ländlichen Gebieten, während die sozialen Führungsschichten weitgehend von polnischen Gutsherren, jüdischen Kaufleuten und russischen Beamten, d.h. von Vertretern anderer Nationalitäten, gebildet wurden. Ende des 19. Jahrhunderts waren etwa 75% der Weißrussen Analphabeten, bei den übrigen Bevölkerungsgruppen waren es lediglich 48,5%.

Der Sozialstruktur entsprechend war auch die in dieser Zeit neu entstehende weißrussische Literatur überwiegend bäuerlich orientiert. Das gesellschaftliche Ideal, in das die nationale Identität projiziert wurde, war das harmonische, ländliche Leben. Folgerichtig hieß auch die erste, zwischen Juni 1862 und Mai 1863 von Kastus Kalinoŭski herausgegebene weißrussische Zeitung *Mužyckaja praŭda* (Bäuerliche Wahrheit). Anders als in Litauen existierte auch keine religiöse Einheit, sondern es gab Einflüsse der Katholischen, der Russisch-Orthodoxen und der Unierten Kirche. Die nationale Selbstidentifikation blieb damit auf eine dünne Schicht von Intellektuellen beschränkt.

Eine gewisse politische Bedeutung erlangte die weißrussische Nationalbewegung erst mit der Gründung der Weißrussischen Sozialistischen Gemeinschaft *Hramada* (russ./poln. *Gromada*) im Jahre 1903. Die *Hramada* orientierte sich zunächst vor allem an der Polnischen Sozialistischen Partei, die bereits im Jahre 1902 das Selbstbestimmungsrecht für die Völker des historischen Litauen proklamiert hatte. Obwohl sie es nach der Revolution von 1905 nicht schaffte, einen Vertreter in die erste russische Duma zu entsenden, gelang es der *Hramada* vor allem aufgrund der sich entwickelnden weißrussischen Publizistik, auch bei der breiten Masse ein zunehmend nationales Bewußtsein zu wecken.

Nach der Aufhebung des Druckverbots für weißrussische Schriften erschien im Jahre 1906 in Vilnius die erste Ausgabe der weißrussischen Zeitschrift *Naša niva* (Unser Feld), die mit einer Auflage von bis zu 3000 Exemplaren zum Symbol der nationalen Wiedergeburt wurde. Vor allem für die junge Generation weißrussischer Schriftsteller bildete die Zeitschrift eine Plattform, von der aus sie sich an das überwiegend bäuerliche Volk wenden und es zur Besinnung auf seine Menschenwürde und zum Kampf gegen soziale und nationale Unterdrückung aufrufen konnte. Zu den herausragenden Persönlichkeiten, die regelmäßig in *Naša niva* publizierten, zählten die heute als Nationaldichter verehrten Janka Kupala (1882–1942) und Jakub Kolas (1882–1956), von denen später noch die Rede sein wird. «Die weißrussische Bewegung war jedoch», wie der deutsche Historiker Peter Scheibert schreibt, «gleichsam zu spät gekommen; schon waren alle Zweige öffentlicher Betätigung in den Sog des russisch-polnischen nationalen Kampfes geraten. [...] Die Weißrussen mußten gegen das Eigeninteresse der älteren Völker ihre Ansprüche erst durchsetzen, wobei sie nicht viel mehr aufzuweisen hatten als die soziale Unruhe eines unterdrückten Bauerntums und den entschiedenen Willen einer kleinen Schar provinzieller Intelligenzler.»

Erst mit dem Zerfall der russischen Zentralgewalt im Verlauf des Ersten Weltkriegs gelang es der schwachen weißrussischen Nationalbewegung, sich vom Zarenreich zu lösen. Im August 1917 wurde ein Weißrussisches Nationalkomitee (*Rada*) gebildet, das aber unmittelbar nach der Oktoberrevolution von den Bolschewiken wieder aufgelöst wurde. Unter deutscher Besatzung wurde am 25. März 1918 das erste unabhängige weißrussische Staatsgebilde proklamiert; aber diese sog. Weißrussische Nationalrepublik lebte nicht lange: Schon kurz nach der Kündigung des Friedensvertrags von Brest durch die bolschewistische Regierung (November 1918) und dem Abzug der deutschen Truppen wurde am 1. Januar 1919 die Weißrussische Sowjetrepublik ausgerufen. Und ein knappes Jahr später, nach dem weiteren Vorrücken der Roten Armee bis Vilnius im Februar 1920, erfolgte die Vereinigung mit Litauen zur Litauisch-Weißrussischen Sowjetrepublik.

Doch auch dieses Staatsgebilde war nicht von Dauer. Nach dem sowjetisch-polnischen Krieg, in dem sich die polnische Armee die militärische Schwäche der vom Bürgerkrieg zerriebenen jungen Sowjetmacht zunutze machte und durch den Józef Piłsudski die polnisch-litauisch-weißrussische Rzeczpospolita in den Grenzen des Jahres 1772 wiederherstellen wollte, wurde Weißrußland zwischen Polen und Sowjetrußland aufgeteilt. Während die Westgebiete um Brest, Hrodna, Pinsk, Baranavičy (Baranoviči) und Maladzečna (Molodečno) im Frieden von Riga am 18. März 1921 an Polen abgetreten wurden, entstand auf sowjetischer Seite die Weißrussische Sozialistische Sowjetrepublik (BSSR, Belaruskaja Saveckaja Sacyjalistyčnaja Rėspublika) mit der Hauptstadt Minsk. Zusammen mit der Ukrainischen SSR, der Transkaukasischen SSR und der RSFSR gründete diese am 30. Dezember 1922 die Union der Sozialistischen Sowjetrepubliken (UdSSR).

In den Jahren bis zum Zweiten Weltkrieg wurde das nationale Kultur- und Bildungswesen gezielt gefördert. Die weißrussische Sprache wurde erstmals zur Nationalsprache erhoben, und die Zahl der Bücher, die auf Weißrussisch publiziert wurden, stieg allein zwischen 1927 und 1938 von 1,3 auf 12,3 Mio. Auch die Sowjet- und Parteikader wurden primär aus der weißrussischen Bevölkerung rekrutiert. Im sowjetischen Weißrußland herrschte also fast zwei Jahrzehnte eine gewisse sprachliche und kulturelle Eigenständigkeit, während im polnischen Weißrußland eine starke Polonisierung in allen Bereichen des öffentlichen Lebens betrieben wurde. Weißrußland stellte jedoch weiterhin ein unsicheres Grenzgebiet dar, so daß die wirtschaftliche Entwicklung in der Zwischenkriegszeit weit hinter dem Unionsdurchschnitt zurückblieb.

Stalinscher Terror – bewältigte Vergangenheit?

Wie die anderen ehemaligen Sowjetrepubliken wurde auch Weißrußland seit dem Ende des Jahres 1928 vom Stalinschen Terror gegen die nationale Intelligenzija und die Bauernschaft heimgesucht. Zwischen 600 000 und 2 Mio. Menschen (die Angaben in unterschiedlichen Quellen schwanken hier erheblich) kamen ums Leben.

Ein Zeugnis des Terrors sind die Massengräber in den Kiefernwäldern von Kurapaty ca. 8 km nordöstlich von Minsk, die erst im Mai 1988 entdeckt wurden, und zwar von Zjanon Paznjak, dem heute in den USA im Exil lebenden ehemaligen Vorsitzenden der Weißrussischen Volksfront. Zwischen 1937 und dem 23. Juli 1941 erschossen Offiziere des NKVD, der damaligen Geheimpolizei, nach jüngsten Schätzungen in Kurapaty insgesamt 250 000 Menschen.

Mehr als zweihundert Menschen, die in den naheliegenden Häusern und Dörfern wohnten und Zeugen der Schreie und Schüsse wurden, leben heute noch. Zjanon Paznjak zeichnete ihre Berichte auf. Da die Verbrechen von Kurapaty lange Zeit der Deutschen Wehrmacht angelastet wurden, die zwischen 1941 und 1944 das Land besetzt hatte, wurde die Veröffentlichung dieser

150 Rubel für ein Menschenleben

«Bauern wurden liquidiert, Mitglieder der Intelligenzija wurden liquidiert. Wer an der Universität in Prag oder anderswo im Ausland studiert hatte, wurde liquidiert. Wer früher irgendeiner Partei oder Bewegung angehört hatte, wurde liquidiert. Sie liquidierten gläubige Christen – russisch Orthodoxe, Katholiken. Sie liquidierten Priester. Wenn es zur Erfüllung der Quote erforderlich war, liquidierten sie auch ganz normale Leute. Und viele Menschen fielen ganz einfach dem System der geheimen Informanten und Denunziationen zum Opfer ... Jedem Ermittler wurde eine Quote vorgeschrieben: er mußte jeden Tag einen oder zwei Menschen als ‹Volksfeinde› entlarven. Wenn er das nicht tat, wurde er selbst getötet ... Und der *seksot,* der geheime Informant, erhielt noch am gleichen Tag, an dem er einen ‹Volksfeind› denunziert hatte, seine Bezahlung dafür – 150 Rubel ... So viel war ein Menschenleben wert.»

Zjanon Paznjak, Entdecker der Massengräber von Kurapaty
Aus: Smith 1991

Berichte jedoch zunächst vom Zentralkomitee der Kommunistischen Partei Weißrußlands verboten. Erst nach massiven Protesten konnte am 3. Juni 1988 ein großer Artikel in der Zeitschrift des Weißrussischen Schriftstellerverbands *Literatura i mastactva* (Literatur und Kunst) erscheinen, der ein ungeheures öffentliches Echo fand. Dies führte dazu, daß der erste Staatsanwalt der BSSR, Georgi Tarnaŭski, am 14. Juni 1988 ein strafrechtliches Ermittlungsverfahren zur Aufklärung der Verbrechen von Kurapaty einleitete. Gleichzeitig wurde eine Regierungskommission gebildet. Da jedoch keines der Opfer mehr identifiziert werden konnte und keiner der mutmaßlichen Täter mehr lebte, wurden das Strafverfahren und die Arbeit der Regierungskommission nach einem halben Jahr wieder eingestellt.

Die weißrussische Bevölkerung gab sich damit jedoch nicht zufrieden. Zjanon Paznjak, Vasil' Bykaŭ und andere namhafte Persönlichkeiten gründeten am 19. Oktober 1988 die historisch-aufklärerische Gesellschaft *Martyralog* (darin verbirgt sich der Begriff ‹Martyrium›), die sich nach dem Vorbild der Moskauer Organisation *Memorial'* dafür einsetzt, Täter und Opfer der Stalinschen Terrormaßnahmen zu ermitteln und die Opfer zu rehabilitieren. Am 29. Oktober 1989, dem fortan von der nationalen

Opposition vereinnahmten weißrussischen Ahnengedenktag *Dzjady*, fand in Kurapaty eine Massendemonstration von etwa 50000 Menschen statt, die erstmals nicht von Polizei und KGB verboten wurde und auf der zum ersten Mal die spätere weiß-rot-weiße Nationalfahne Weißrußlands wehte. Zum Gedenken an die Opfer des Stalinschen Terrors wurde außerdem ein «Kreuz des Leidens» errichtet, das von Vertretern des orthodoxen, katholischen und protestantischen Klerus geweiht wurde. Kurapaty wurde dadurch zum Auslöser für die Aufarbeitung des Stalinismus und zum Kulminationspunkt der nationalen Wiedergeburt.

Deutsche Besatzung – Chatyn als Mahnmal

Bis heute sind die Erinnerungen vieler Weißrussen an den Überfall der Deutschen Wehrmacht am 22. Juni 1941 und die sich anschließende deutsche Besetzung des «Generalbezirks Weißruthenien» lebendig. Nach der Invasion der deutschen Armee wurde das Territorium Weißrußlands in ein Operations- und ein Zivilverwaltungsgebiet eingeteilt. Versuche, die einheimische Bevölkerung für eine Zusammenarbeit mit der deutschen Besatzungsmacht zu gewinnen, schlugen jedoch weitgehend fehl. Auch die Anwerbung von Arbeitskräften auf freiwilliger Basis zum Arbeitseinsatz in Deutschland hatte wenig Erfolg.

Die daraufhin eingeleitete Ausbeutungs- und Ausrottungspolitik führte statt dessen zum offenen Widerstand großer Bevölkerungsteile und gab der Partisanenbewegung Auftrieb. Ab Mitte des Jahres 1942 kämpften zwischen 200000 und 300000 Partisanen in mehr als 200 Gruppen in einer zweiten Front gegen die deutschen Besatzer. Zu ihren Aktionen zählte z.B. das Unternehmen «Schienenkrieg», durch das im August und September 1943 wichtige Nachschublinien der Deutschen Wehrmacht zerstört wurden.

Die deutsche Besatzungsmacht reagierte mit unvorstellbarer Grausamkeit auf derartige Aktionen. Nach einem Wehrmachtserlaß über die Ausübung der Kriegsgerichtsbarkeit im Gebiet «Barbarossa» durften «gegen Ortschaften, aus denen die Wehrmacht hinterlistig oder heimtückisch angegriffen wurde, unverzüglich kollektive Gewaltmaßnahmen durchgeführt werden, wenn die Umstände eine rasche Feststellung einzelner Täter nicht gestat-

Kriegsveteranen während der Feiern aus Anlaß des 50. Jahrestages des Kriegsendes am 9. Mai 1995. – Foto: Christoph Püschner

ten.» Zwischen 1941 und 1944 wurden so etwa 2230000 Menschen, d.h. rund ein Viertel der Bevölkerung, umgebracht, darunter nahezu die gesamte jüdische Bevölkerung. Fast alle Städte des Landes waren 1944 völlig zerstört. Es gab drei Millionen Obdachlose. Die Zahl der Industriebetriebe war um 85% zurückgegangen, die Industriekapazität um 95%, die Saatfläche um 40 bis 50% und der Viehbestand um 80%.

Eines von 186 weißrussischen Dörfern, das für immer von der Landkarte verschwunden ist, war das in der Nähe von Minsk gelegene Dorf Chatyn (nicht zu verwechseln mit dem polnischen Katyń, wo der sowjetische Geheimdienst im Frühjahr 1940 etwa 4500 gefangene polnische Offiziere auf Anweisung Stalins durch Genickschuß ermordete). Am 22. März 1943 hatte das SS-Sonderbataillon Dirlewanger das Dorf umstellt und alle 156 Einwohner in einer Scheune zusammengetrieben. Die Soldaten zündeten die Scheune an – alle Menschen darin, darunter 76 Kinder, verbrannten bei lebendigem Leibe. Nur ein Mann und drei Kinder konnten sich retten. Anschließend brannten die Deutschen die

Deutsche Soldaten vor verwüsteten Häusern nach der Einnahme von Minsk, 1941. – Foto: Scherl/Süddeutscher Verlag, Bilderdienst

Ich wundere mich, daß ich noch lebe

«‹S-Wagen› nannte man sie im Wehrmachtsdeutsch: ‹Spezialwagen›. Die Russen nannten sie ‹Duschegubka›: ‹Menschenquäler›, ‹Seelentöter› oder ‹Schwarze Raben›. Es waren mittelgroße Lkws mit einem kastenförmigen Aufbau. Dieser Kasten, innen mit Zinkblech ausgeschlagen, wurde mit einer Hecktür luftdicht verriegelt. Durch einen Schlauch strömten die Auspuffgase des Motors in das Innere dieses Kastens. Holzgitter verdeckten die Rohre und ihre Öffnungen, durch die das Kohlenmonoxyd eindrang. Die Menschen in dem Kasten starben qualvoll an Vergiftung, oder sie erstickten. Der Todeskampf dauerte oft eine Viertelstunde lang.

Anfangs gab man sich noch die Mühe, diese Wagen zu tarnen: entsprechend bemalt als Rot-Kreuz-Wagen, kaschiert als Bau- oder als Wohnwagen mit aufgemalten Fenstern mit Läden und gemalten Geranien davor und einer Kaminattrappe auf dem Dach. Doch später, als man die Massaker ungenierter durchführte, ließ man sie einfach als Kastenwagen am hellichten Tag herumfahren ...

Das Wageninnere war durch den Todeskampf der Menschen voller Blut, Urin, Kot und Erbrochenem. Und darin lagen Gebisse, Brillen, Büschel mit ausgerissenen Haaren, Hautfetzen ... Russische Arbeiter mußten nun diese Wagen für den nächsten Einsatz ... reinigen, und dies mit so scharfen Säuren, daß sie ihnen Hände, Arme, Beine und Füße bis auf die Knochen zerfraßen. Schonung konnten diese Arbeitskommandos von den Deutschen nicht erwarten. Sie wurden ohnehin von Zeit zu Zeit selbst in diese Zinkkästen getrieben, vergast und dann von wiederum anderen russischen Arbeitern herausgeholt. Und diesen ging es wieder so.»

Aus: Paul Kohl, S. 82–83.

Häuser des Dorfes nieder, nur die Schornsteine und die Grundmauern der 26 Höfe blieben erhalten.

Chatyn ist heute eine Gedenkstätte. Sie wurde auf Initiative der weißrussischen Regierung am 5. Juli 1969 zum 25. Jahrestag der Befreiung Weißrußlands eingeweiht. Die Schornsteine der abgebrannten 26 Höfe sind in Beton gegossen worden. In jedem Schornstein sind auf einer Tafel die Namen der Bewohner des Hauses und das Alter der Kinder angegeben. In der Mitte der Gedenkstätte steht das Standbild des Dorfschmieds, der als einziger Erwachsener das Massaker überlebte, mit seinem toten Sohn in seinen Armen. An die 186 weißrussischen Dörfer, die von der Wehrmacht und der SS mitsamt ihren Bewohnern vernichtet und

Der Schmied von Chatyn, Denkmal der Vernichtung weißrussischer Dörfer durch die deutsche Armee während der Besatzung des Landes im Zweiten Weltkrieg. – Foto: IBB

nicht wieder aufgebaut worden sind, erinnert der «Friedhof der Dörfer».

Industrialisierung, Russifizierung und Sowjetisierung

Bereits im September 1939 waren als Ergebnis des Hitler-Stalin-Pakts die im Jahre 1921 an Polen abgetretenen westlichen Gebiete wieder an die Weißrussische SSR angegliedert und ein Teil des Smolensker Gebietes an die Russische Sowjetrepublik abgetreten worden. Nach dem Ende des Zweiten Weltkriegs erhielt Weißrußland dann ein weiteres Mal neue, und zwar die bis heute gültigen Grenzen: Das Staatsgebiet wurde nach Westen verlagert und reicht nun bis an die sogenannte Curzon-Linie (nach dem Vorschlag des britischen Außenministers von 1919), die sich stark an ethnischen Gegebenheiten orientiert. Insgesamt wurden etwa 1,5 Mio. Polen, die in diesem Gebiet lebten, in die ehemaligen deutschen Ostgebiete in Polen umgesiedelt, in umgekehrter Richtung verließen rund 500000 Weißrussen und Ukrainer das östliche Polen.

Da Weißrußland dadurch aus seiner geopolitischen Randlage herausrückte, wurde nun die Industrialisierung des Landes forciert. Die im Zweiten Weltkrieg weitgehend zerstörte Industrie wurde neu aufgebaut und zählte bald zur modernsten in der Sowjetunion. Ihren Höhepunkt erreichte die wirtschaftliche Modernisierung während der Amtszeit (1965–1980) des weißrussischen Parteichefs Pëtr Mašeraŭ, der 1980 bei einem Autounfall unter nie vollständig aufgeklärten Umständen ums Leben kam. Zwischen 1970 und 1984 wies das Land das größte Wirtschaftswachstum aller Sowjetrepubliken auf und verlor mehr und mehr seinen früheren agrarischen Charakter. In den achtziger Jahren waren bereits mehr als zwei Drittel aller in der Volkswirtschaft Beschäftigten im Industrie- und Dienstleistungssektor tätig. Gleichzeitig wurde die Hauptstadt Minsk mit etwa 1,6 Mio. Einwohnern zu einer der größten Städte der UdSSR.

Mit dieser fortschreitenden Industrialisierung ging die weitgehende Sowjetisierung bzw. Russifizierung der Bevölkerung einher. Das im Partisanenkampf geschürte Nationalbewußtsein wurde nicht zuletzt durch harte Repressionen gegen heimkehrende Kriegsgefangene und Zwangsarbeiter wieder unterdrückt, um das entstandene nationale und politische Oppositionspotential bereits im Keim zu ersticken. Gleichzeitig wurden nahezu alle hochrangigen Regierungsmitglieder, Parteikader und Mitglieder der örtlichen Administration aus der Zeit vor der deutschen Besatzung gegen Russen ausgetauscht. Die Verwendung der weißrussischen Sprache in den Schulen – Russischunterricht war schon lange, seit 1938, Pflicht – nahm kontinuierlich ab. So sank die Zahl der Schüler, die in weißrussischer Sprache unterrichtet wurden, zwischen der Mitte der sechziger Jahre bis zum Jahre 1989 von 51,6% auf 22,3 % ab. In ähnlicher Weise ging die Zahl von Zeitungen und Zeitschriften, Büchern, Radio- und Fernsehsendungen in weißrussischer Sprache zurück. Weißrußland wurde zur Republik mit der höchsten Verbreitung von Russischkenntnissen in der UdSSR.

Diese Sowjetisierung des Landes stieß nur auf geringen Widerstand. Selbst die Unterzeichnung der KSZE-Schlußakte im Jahre 1973 in Helsinki rief in Weißrußland im Gegensatz zu vielen anderen Republiken der ehemaligen Sowjetunion keine spürbaren Forderungen nach nationaler Autonomie hervor. Dissidenten- und Samizdat-Aktivitäten blieben zumeist auf einen engen Kreis von wenigen Personen, wie Vasil' Bykaŭ und Michal Kukabaka, beschränkt, was wesentlich zum Bild Weißrußlands als einer ruhigen und friedlichen Republik beigetragen hat.

Halbherzig von der Perestrojka zur Unabhängigkeit

Das weitgehende Fehlen einer nationalen Oppositionsbewegung sowie die vergleichsweise günstige ökonomische Entwicklung des Landes waren auch die Hauptgründe dafür, daß sich die mit dem Beginn von Glasnost' und Perestrojka vor allem in der Ukraine und den baltischen Staaten aufflammende nationale Aufbruchstimmung in Weißrußland nur sehr viel zögerlicher und zurückhaltender einstellte. Brennpunkte der weißrussischen Nationalbewegung waren zudem weniger national-kulturelle Themen als vielmehr die Aufarbeitung der Stalinschen Repressionen und ökologischen Mißstände.

Das Ereignis, das zum ersten Mal breite Bevölkerungsschichten gegen die Moskauer Zentralregierung mobilisierte, war die Reaktorkatastrophe im ukrainischen Tschernobyl am 26. April 1986, deren Auswirkungen für Weißrußland noch weitaus verheerender als für die Nachbarrepublik waren. Etwa 20% des bebaubaren Gebiets des Landes wurden kontaminiert und Zehntausende Menschen strahlenkrank. Die verharmlosende Informationspolitik und die Versäumnisse der sowjetischen Regierung, die erst im Jahre 1989 umfangreiche Maßnahmen zur Dekontaminierung der verstrahlten Gebiete und Evakuierung der betroffenen Bevölkerung einleitete, wurden dabei sowohl von der konservativen kommunistischen Führung in Minsk als auch von der Opposition zum Teil scharf kritisiert.

Die Formierung einer weißrussischen Volksfront erfolgte jedoch erst ab Herbst 1988, und zwar unter dem Namen *Adradžènne* (das bedeutet Wiedergeburt). Zu ihren Gründern zählten u.a. die bekannten Schriftsteller Vasil' Bykaŭ und Ales' Adamovič. Da ihr von den staatlichen Behörden keine Räumlichkeiten zur Verfügung gestellt wurden, mußte ihr Gründungskongreß im Juni 1989 noch im litauischen Vilnius stattfinden. Zudem wurden Statut und Programm der Volksfront vom Obersten Sowjet Weißrußlands als verfassungswidrig eingestuft; bis zum Juni 1991 verweigerte man ihr die offizielle Registrierung.

Adradžènne verstand sich zunächst als Bewegung zur Unterstützung der Perestrojka-Politik Gorbatschows. Weitere Schwerpunkte bildeten die Wiedererweckung des nationalen Selbstbewußtseins und die Erinnerung an die Leiden der Weißrussen unter den Stalinschen Terrormaßnahmen. Eine wesentliche Rolle für das öffentliche Bewußtsein spielte hierbei die Entdeckung der Massengräber von Kurapaty im Jahre 1988 durch Zjanon Paznjak, der später zum Vorsitzenden von *Adradžènne* gewählt wurde.

Im Gegensatz zu den baltischen Staaten blieb der politische Einfluß der Weißrussischen Volksfront jedoch nicht zuletzt aufgrund massiver Behinderungen und Verleumdungskampagnen durch die Kommunistische Partei Weißrußlands (KPB) relativ gering. Die KPB agierte zudem bis zum Sommer des Jahres 1991 äußerst geschlossen und wurde im Gegensatz zur Kommunistischen Partei Rußlands nicht durch Abspaltungen geschwächt. Es verwundert daher nicht, daß sie bei den Wahlen zum Obersten Sowjet am 13. März 1990 etwa 86% der Sitze erlangte, während die Vertreter von *Adradžènne* lediglich 32 der 360 Sitze gewinnen konnten.

Der relativ geringe Einfluß einer nationalen Opposition zeigte sich auch darin, daß das Land bis zuletzt nur geringe Anstrengungen unternahm, die Krise der Zentralregierung in Moskau für Unabhängigkeitsbestrebungen zu nutzen. Im Gegenteil, Staatspräsident Gorbatschow wurde öffentlich für die «Preisgabe der mittel- und osteuropäischen Staaten», die «anti-sozialistischen Experimente» und die durch die Freigabe der Preise bedingte Verschlechterung des materiellen Lebensstandards kritisiert. Auch die Souveränitätserklärung, die der Oberste Sowjet Weißrußlands nach langen Diskussionen am 27. Juli 1990 als letzter der westlichen Unionsrepubliken verabschiedete und die an vielen Stellen wörtlich den entsprechenden Erklärungen Rußlands und der Ukraine folgte, war eher ein formaler, man könnte fast sagen halbherziger Akt.

Gleichzeitig unterstützte nämlich die weißrussische Führung weiterhin die Bemühungen um den Abschluß eines neuen Unionsvertrags. Folgerichtig war Weißrußland auch die einzige Republik, die keine Änderungswünsche am Entwurf des Unionsvertrags äußerte. Im Unterschied zu den beiden anderen slawischen Republiken enthielt die weißrussische Souveränitätserklärung außerdem keinen Passus über die Gleichberechtigung aller Parteien und gesellschaftlichen Organisationen. Die regierende KPB tat alles, um ihren politischen Alleinvertretungsanspruch auch weiterhin zu sichern.

Erst im April 1991 begann eine Wende in der politischen Entwicklung des Landes. Von den unabhängigen Gewerkschaften organisierte Streiks legten das öffentliche Leben in Minsk für mehrere Tage still; mehr als 100000 Demonstranten forderten nicht nur eine Verbesserung ihres Lebensstandards, sondern auch den Rücktritt der weißrussischen Regierung, das Ende der kommunistischen Herrschaft, freie Wahlen und schließlich die staatliche Unabhängigkeit. Die kommunistische Mehrheit in Parlament und Regierung unternahm jedoch erst unmittelbar nach dem gescheiterten Moskauer Putschversuch vom 19. August 1991 ernsthafte Schritte, sich vom Einfluß der Moskauer Zentralregierung zu lösen. Ausdruck dafür waren die am 25. August 1991 verabschiedete Unabhängigkeitserklärung, der Rücktritt des mit den Putschisten sympathisierenden Parlamentspräsidenten Mikalai Dzemjancei und die zeitweilige Einstellung der Tätigkeit der KPB.

Anders als in der Ukraine ging der Unabhängigkeitserklärung allerdings kein Referendum voraus.

Zum neuen Parlamentspräsidenten und damit höchsten Vertreter der neuen «Rėspublika Belarus'» wurde Stanislaŭ Šuškevič gewählt, der zuvor bereits Stellvertretender Parlamentspräsident war. Der 1934 in Minsk geborene Physikprofessor war bis zum 12. Juni 1991 zwar Mitglied der Kommunistischen Partei, gehörte jedoch nicht zur Nomenklatura und war damit politisch kaum vorbelastet. Als moderater Reformer unterstützte er zunächst die Bemühungen Gorbatschows um einen neuen Unionsvertrag. Die politischen Entwicklungen in Rußland und der Ukraine liefen jedoch bald in eine ganz andere Richtung: Am 8. Dezember 1991 wurde die Gemeinschaft Unabhängiger Staaten gegründet, und wenig später löste sich die UdSSR auf. Mehr zufällig und durch äußere Entwicklungen begünstigt als durch eigene Anstrengungen erkämpft erhielt Weißrußland damit zum ersten Mal in seiner Geschichte die Chance, sein Schicksal selbst zu bestimmen, nachdem es jahrhundertelang fast immer nur Teil der Geschichte anderer großer Reiche gewesen war.

Demonstration am 10.9.2001 in Minsk gegen den Wahlsieg des autoritär regierenden Aljaksandr Lukašėnka. – Foto: dpa/Victor Drachev

POLITIK UND GESELLSCHAFT

Innenpolitische Parameter

Suche nach nationaler Identität

Mit Ausnahme einiger Monate in den Jahren 1991 und 1992 ist die Auseinandersetzung zwischen den verschiedenen politischen Kräften in Weißrußland von der Suche nach nationaler Identität geprägt. Diese erweist sich jedoch als außerordentlich schwierig, da Weißrußland außer in einer kurzen Periode zwischen Dezember 1917 und Dezember 1918 nie einen eigenen Staat besaß und das nationale Selbstbewußtsein auf eine dünne Schicht von Intellektuellen beschränkt war. Lediglich während der Besatzung großer Teile des Landes durch die deutsche Armee im Ersten Weltkrieg gab es eine bedeutende Unabhängigkeitsbewegung, deren Vorkämpfer der weißrussische Nationaldichter Janka Kupala war. Zwar hatte Weißrußland auch während der Sowjetzeit immer den Status einer Sowjetrepublik, doch wurde das Gebiet insbesondere unter Stalin und Breżnev zum Experimentierfeld der sowjetischen Nationalitätenpolitik, die hier den neuen Typus des *homo sovieticus* schaffen wollte.

Trotz dieser Schwierigkeiten haben Regierung und Opposition zunächst gleichermaßen versucht, an die in ihrer Darstellung große Geschichte des weißrussischen Volkes anzuknüpfen, die durch die Einverleibung in das russische Zarenreich und später in die Sowjetunion lediglich unterbrochen worden sei. Im Gegensatz zu den anderen GUS-Staaten und insbesondere zu den baltischen Staaten stieß dieser nationale Kurs bei der Bevölkerung jedoch nur auf wenig Widerhall. Zu konstruiert schien vielen der Versuch, angesichts der großen kulturellen Nähe zu Rußland eine eigenständige weißrussische Identität nachweisen zu wollen. Zudem traten nun angesichts der plötzlichen «staatlichen» Trennung von Freunden und Verwandten in Rußland und vor allem infolge der sich dramatisch zuspitzenden Wirtschaftskrise ganz andere, praktische Interessen in den Vordergrund, die mit den nationalen Selbstfindungsversuchen der offiziellen Politik wenig zu tun hatten.

Der ehemalige Parlamentspräsident Stanislaŭ Šuškevič, der bis zur Verabschiedung der neuen Verfassung am 15. März 1994 fak-

Stanislaŭ Šuškevič – ein Moderator

Als Sohn eines Dichters, der unter Stalin siebzehn Jahre seines Lebens in Straflagern verbrachte, und als Atomphysiker, dessen politisches Engagement wesentlich durch die Reaktor-Katastrophe von Tschernobyl motiviert war, sprach sich Stanislaŭ Šuškevič seit seinem Amtsantritt sehr deutlich gegen den Einfluß Moskaus auf die weißrussische Politik aus und betonte die historischen Wurzeln Weißrußlands. Zentraler Anknüpfungspunkt war dabei das «Goldene Zeitalter» der weißrussischen Geschichte zwischen dem 16. und dem Ende des 18. Jahrhunderts. Und nicht zufällig brachte er bei seinem ersten Besuch bei der UNO das Statut des Großfürstentums Litauen aus dem Jahre 1529 als Geschenk nach New York mit. Dennoch hielt Šuškevič bis zuletzt an der Verabschiedung eines neuen Unionsvertrags und später an einer engen politischen und wirtschaftlichen Zusammenarbeit innerhalb der GUS fest und widersetzte sich stets den zunehmend nationalistischen Forderungen der Weißrussischen Volksfront.
Nach seiner Amtsenthebung im Januar 1994 schloß er sich zunächst der Weißrussischen Sozialdemokratischen Gemeinschaft *Hramada* an, aus der er jedoch 2001 austrat, um eine eigene Sozialdemokratische Partei zu gründen.

tisch auch Staatsoberhaupt Weißrußlands war, hat in der nationalen Frage stets eine moderate Haltung eingenommen. Das Begehren der Weißrussischen Volksfront, ein Referendum über die Auflösung des Obersten Sowjets, also des weißrussischen Parlaments, und vorgezogene Neuwahlen durchzuführen, lehnte er trotz gewisser Sympathien und politischer Nähe zu den Positionen der Volksfront ab.

Zu Beginn des Jahres 1992 hatten die oppositionellen Kräfte um die Volksfront eine Unterschriftensammlung initiiert, um das Parlament zur Durchführung eines derartigen Referendums im Herbst zu zwingen. Hintergrund war die Einschätzung der Opposition, mit dem amtierenden Parlament keine entscheidenden Reformschritte durchführen und bei Neuwahlen eine demokratische Mehrheit erringen zu können. Die Kampagne der Volksfront war ein voller Erfolg. Am 13. April 1992 konnten 383 000 gültige Unterschriften vorgelegt werden, 33 000 mehr als erforderlich. Zum ersten Mal war es der Opposition gelungen, einen Erfolg zu erzielen, der nicht allein auf die Hauptstadt beschränkt blieb, und somit die traditionell unpolitisch-lethargische Bevölkerung in die Diskussion über eine demokratische Zukunft des Landes einzubeziehen.

Der Oberste Sowjet erklärte die Unterschriften-Kampagne jedoch aufgrund «schwerer Gesetzesverstöße» für unrechtmäßig und lehnte die Durchführung eines Referendums ab. Statt dessen wurde vereinbart, die Legislaturperiode um ein Jahr zu verkürzen und bereits im März 1994 Neuwahlen abzuhalten. Diese Vereinbarung sollte jedoch nicht eingehalten werden. Šuškevič begründete diese Entscheidung in einem Interview mit Radio Free Europe damit, «daß die Abgeordneten ihre Arbeit nicht beenden sollten, ohne ihre staatliche Pflicht zu tun und ein neues Wahlgesetz und eine neue Verfassung zu verabschieden».

Diese Haltung Šuškevičs ist darauf zurückzuführen, daß er als einziges Staatsoberhaupt der GUS nicht direkt vom Volk gewählt worden und damit in hohem Maße von einem Parlament abhängig war, das als das konservativste der drei slawischen GUS-Staaten galt. Der Oberste Sowjet war im Frühjahr 1990 zwar nach einem demokratischen Wahlgesetz, aber vielfach noch nach alten Methoden der Kandidatenaufstellung gewählt worden. Etwa 80% der 360 Sitze nahmen deshalb ehemalige Kommunisten und Mitglieder der früheren Nomenklatura ein. Mit zunehmender Amtszeit geriet so der moderate und wenig durchsetzungsfähige Šuškevič immer stärker unter den Druck der konservativen Kräfte im Parlament und in der Regierung von Ministerpräsident Vjačeslaŭ Kebič, die ihn für die Auflösung der Sowjetunion und den dadurch ausgelösten wirtschaftlichen Niedergang des Landes mitverantwortlich machten.

Zwar scheiterte im Juli 1993 ein Mißtrauensvotum gegen den Präsidenten, doch am 26. Januar 1994, nur wenige Tage nachdem der amerikanische Präsident Bill Clinton während eines Staatsbesuchs noch demonstrativ die Verdienste Šuškevičs herausgestellt hatte, endete der Machtkampf mit der Amtsenthebung durch den Obersten Sowjet (209 gegen 36 Stimmen). «Der erste Belowescher Wisent war damit gefallen» – so drückte es der spätere Stellvertretende Ministerpräsident Viktar Hančar in Anspielung an den Ort in der Belowescher Heide aus, wo Šuškevič, der russische Präsident Jelzin und der ukrainische Präsident Kravčuk im Dezember 1991 die Auflösung der Sowjetunion besiegelt hatten.

Am 28. Januar 1994 wurde der Generalleutnant der Miliz und bisherige Vorsitzende des Parlamentsausschusses für Nationale Sicherheit, Mečyslaŭ Hryb, mit 183 Stimmen zum Parlamentspräsidenten und damit zugleich zum neuen Staatsoberhaupt Weißrußlands gewählt.

Demokratische Wahl der Diktatur

Die Amtszeit von Hryb als faktisches Staatsoberhaupt währte jedoch nur ein halbes Jahr bis zu den im Juni und Juli 1994 durchgeführten ersten freien Präsidentschaftswahlen, die das wohl wichtigste politische Ereignis in der jüngsten Geschichte Weißrußlands darstellten. Die besten Chancen wurden dabei Vjačeslaŭ Kebič eingeräumt, der sich als amtierender Ministerpräsident auf die Mehrheitsfraktion im Obersten Sowjet stützen konnte. Auch Presse, Rundfunk und Fernsehen standen weitgehend hinter ihm.

So war es nicht nur für westliche Beobachter überraschend, daß im zweiten Wahlgang der Populist Aljaksandr Lukašėnka mit einer überwältigenden Mehrheit von 81,7% der abgegebenen Stimmen siegte. Der unterlegene Kebič erklärte daraufhin seinen Rücktritt als Ministerpräsident. Der ebenfalls zur Wahl angetretene Vorsitzende der Weißrussischen Volksfront Zjanon Paznjak sowie der frühere Parlamentspräsident Stanislaŭ Šuškevič waren bereits im ersten Wahlgang mit 12,9 bzw. 9,9% der Stimmen ausgeschieden.

Wer ist dieser Aljaksandr Lukašėnka? Am 30. August 1954 in Kopys, einem kleinen Dorf im Bezirk Vitebsk geboren, studierte er an der Pädagogischen Hochschule in Mahilëŭ und an der Weißrussischen Landwirtschaftsakademie. Von 1975 bis 1977 war er politischer Instrukteur bei den KGB-Grenztruppen in Brest. Danach war er in leitender Funktion in verschiedenen Kolchosen tätig, seit 1987 als Direktor der Kolchose Hordojec im Bezirk Mahilëŭ. Lukašėnka rühmt sich, im Dezember 1991 als einziger Abgeordneter des weißrussischen Parlaments gegen die Gründung der GUS und die damit einhergehende Auflösung der Sowjetunion gestimmt zu haben.

In einer Rede vor der russischen Staatsduma hat er deshalb kurz vor seiner Wahl die Volksvertreter Rußlands, der Ukraine

Der weißrussische Präsident Lukašėnka (rechts) neben Metropolit Filaret von Minsk und Weißrußland (Mitte) und dem damaligen Verteidigungsminister Kastenka am 9. Mai 1995. – Foto: Christoph Püschner

und Weißrußlands aufgefordert, sich abermals in der Belowescher Heide zu treffen und die Wiedervereinigung der drei ehemaligen Sowjetrepubliken in einem Slawischen Bund zu beschließen.

Mit zunehmender Amtszeit nimmt das Verhalten des Populisten Lukašėnka immer mehr diktatorische Züge an. Besonders deutlich wurde dies in seiner Haltung zu den im Mai 1995 durchgeführten Parlamentswahlen, bei denen er demonstrativ seinen Stimmzettel zerriß. Zudem wurden insbesondere die Vertreter der demokratischen Parteien massiv behindert. Den Kandidaten wurden nur rund 50 DM vom Staat zugeteilt, mit denen sie ihren Wahlkampf bestreiten durften. Weitere Unterstützung, etwa durch Unternehmen oder aus eigener Tasche, war dagegen nicht erlaubt. Werbung über den eigenen Wahlkreis hinaus war grundsätzlich verboten, und auch im eigenen Wahlkreis durften keine Plakate aufgestellt werden. Den demokratischen Parteien war so nahezu jede Möglichkeit genommen, ihre relativ unbekannten Kandidaten und Positionen einer breiteren Öffentlichkeit vor allem in den ländlichen Regionen vorstellen zu können. Der erste Wahlgang am 14. Mai, bei dem nur 18 Kandidaten in ihrem Wahlkreis die

«Er dreht sich nicht einmal um ...»

Einen Teil seiner frühen Popularität verdankt A. Lukašenka seinem Ruf als Anti-Korruptions-Kämpfer. Im Parlament war er Vorsitzender des entsprechenden Ausschusses, und mit Hilfe der von ihm ausgearbeiteten Unterlagen wurde unter fadenscheinigen Anschuldigungen im Januar 1994 der damalige Parlamentspräsident Šuškevič gestürzt. Auch in seinem ersten Präsidentschafts-Wahlkampf trat Lukašėnka als unerbittlicher Kämpfer gegen die Korruption und mit zahlreichen populistischen Versprechungen auf.
Seit seinem Amtsantritt versteht er es, durch seinen demagogisch-populistischen Stil insbesondere die einfache Landbevölkerung, die die Mehrheit der Weißrussen darstellt, anzusprechen. Vielfach gibt er sich als der liebende Vater, der, wie er selbst einmal sagte, sein Volk abends zu Bett bringt und morgens aufweckt. Durch die starke Verkürzung und Verdrehung komplexer Sachverhalte schafft er es immer wieder, neue Feindbilder zu entwickeln. So werden abwechselnd die Opposition, die Presse oder der Westen für die Wirtschaftsmisere verantwortlich gemacht. «Er ist ein Genie der Lüge», so der Regisseur Jurij Chaščevackij in «Ein gewöhnlicher Präsident», seinem von der Zensur verbotenen Film, «und er dreht sich nicht einmal um, wenn eine Lüge auffliegt.»

erforderliche absolute Mehrheit erreichten, dürfte deshalb ganz im Sinne von Lukašėnka verlaufen sein.

Parallel zu dieser ersten Runde der Parlamentswahlen fanden vier von Lukašėnka initiierte Referenden statt, die seine Machtfülle wesentlich stärkten. So stimmten 77,6% dafür, daß der Präsident das Parlament auflösen kann, falls dieses die Verfassung des Landes systematisch oder schwer verletzt. 82,4% sprachen sich für eine wirtschaftliche Union mit Rußland und 83,1% für die Einführung des Russischen als zweiter Amtssprache aus. Für die Wiedereinführung der alten Fahne und des Wappens aus der Sowjetzeit (aber ohne Hammer und Sichel) stimmten 75%.

Im zweiten Wahlgang der Parlamentswahlen am 28. Mai 1995 wurden wegen zu geringer Wahlbeteiligung wiederum nur 101 Abgeordnete gewählt, so daß insgesamt nur 119 Sitze vergeben werden konnten. Nach dem Wahlgesetz kann der Oberste Sowjet aber erst dann zusammenkommen, wenn mindestens zwei Drittel seiner 260 Mitglieder (174 Deputierte) gewählt sind. Am 29. November und 10. Dezember 1995 waren deshalb Nachwahlen notwendig, nach denen das Land wieder über ein beschlußfähiges Parlament mit 198 Abgeordneten verfügte. Zu den in den 13. Obersten Sowjet gewählten Abgeordneten gehörten u.a. die früheren Parlamentspräsidenten Stanislaŭ Šuškevič und Mečyslaŭ Hryb, der ehemalige Ministerpräsident Vjačeslaŭ Kebič, der damalige Präsident der Weißrussischen Nationalbank, Stanislaŭ Bahdankevič sowie der Vorsitzende der Agrarpartei Zjamën Šarecki. Letzterer wurde von den Abgeordneten am 11. Januar 1996 zum Parlamentspräsidenten gewählt.

Von Präsident Lukašënka wurden die Beschlüsse des neugewählten Parlaments weitestgehend ignoriert. Auch die Aufrufe führender Oppositioneller und die zahlreichen Massendemonstrationen, die im Frühjahr 1996 in Minsk stattfanden und die sich gegen das autoritäre Regime des Präsidenten richteten, konnten den Präsidenten nicht zum Einlenken veranlassen. Vielmehr gelang es ihm, seine Machtfülle durch ein Referendum am 24. No-

Zjamën Šarecki: Leute, seid wachsam!
Im Land riecht es nach Faschismus!

«Verehrte Landsleute! Wie konnte es passieren, daß im Zentrum des zivilisierten Teils der Welt und Europas, in einem Land, in dem die Bevölkerung in allerhöchstem Maße Opfer des Faschismus wurde, einem friedlichen und arbeitsamen Volk der Entwurf einer Verfassung vorgelegt wird, den sich nur ein Mensch zu eigen machen kann, der besessen ist von einem manischen Drang zur totalen Macht? ...
Vorsitzende der großen Parteien des Landes, ungeachtet von Meinungsverschiedenheiten und persönlichen Ambitionen, vereinigen Sie sich im Kampf gegen das nahende Unglück. Die Geschichte Deutschlands in den zwanziger und dreißiger Jahren lehrt uns, daß sich Sozialdemokraten und Kommunisten, die sich – statt eine gemeinsame starke Front gegen den heranziehenden Faschismus zu bilden – in politischen Streitereien verloren haben, plötzlich in den gleichen Gefängnissen und Konzentrationslagern wiederfanden ...
Ich wende mich deshalb in diesen alarmierenden und verantwortungsvollen Tagen an Sie, Arbeiter, Bauern, Vertreter der Intelligenz, mit der Bitte zu verstehen, was in unserem Land geschehen wird, was uns und unsere Kinder und Enkel erwartet, wenn Sie bei dem Referendum für die neue Verfassung stimmen, für den Entwurf, den der Präsident vorgelegt hat.

vember 1996, bei dem weitreichende Änderungen der Weißrussischen Verfassung beschlossen wurden, noch weiter auszubauen.

Festigung der präsidialen Vertikalen

Die rechtliche Grundlage des politischen Systems Weißrußlands bildet die Verfassung, die nach langen Diskussionen am 15. März 1994 vom Parlament verabschiedet und anschließend auch vom Ausland anerkannt worden ist. Danach ist die Republik Weißrußland ein demokratischer und rechtsstaatlicher Einheitsstaat, der seinen Bürgern alle Grundfreiheiten zusichert. Dazu zählen unter anderem das Recht auf Eigentum, Gesundheitsvorsorge und Bildung; das Recht auf Teilnahme am politischen Prozeß wird durch freie und direkte Wahlen nationaler und lokaler Mandatsträger ausgeübt. Darüber hinaus ist für bestimmte zentrale Fragestellungen eine direkte Mitwirkung in Form von Referenden vorgesehen.

Ich wende mich an Sie, Veteranen des Krieges und der Arbeit, mit der Bitte, sich dieses Mal nicht beirren zu lassen. Glauben Sie den Heucheleien der professionellen Provokateure nicht, die jeden Tag im Fernsehen, im Radio und in der staatlichen Presse den Präsidenten und seiner Politik lobpreisen und unser leichtgläubiges Volk irreführen.
Ich wende mich an unsere Jugend mit der Bitte, ihre Zukunft zu verteidigen. Tun Sie alles und lassen Sie nicht zu, daß sich unser schönes Land in ein Konzentrationslager verwandelt!
Ich wende mich an die Vorsitzenden der Rechts- und Machtorgane, handeln Sie nur nach dem Gesetz. Lassen Sie sich nicht mißbrauchen im Kampf gegen Ihr Volk, der nur das Ziel hat, die Macht eines einzelnen zu stärken, das Ziel, eine Diktatur in diesem Land zu errichten!
Ich wende mich an die Führer der politischen Parteien und öffentlichen Bewegungen: Wahren Sie ihre politische Vernunft und vereinigen Sie sich zu einer Kraft, die nicht zuläßt, daß in unserem Land ein totalitäres Regime errichtet wird!
Ich glaube, daß wir vor der realen Bedrohung die historische Chance verspielen, aus unserem Land einen souveränen Rechtsstaat zu machen – jeder Bürger Weißrußlands muß sich dafür rechtfertigen. Ich glaube an unser weißrussisches Volk, besonnen und geduldig, wohlwollend und zu gleicher Zeit, arbeitsam, talentiert und heroisch!
Ich glaube an die Zukunft der Republik Weißrußland!»

Aus: Narodnaja Volja, 81, 1996, S. 1., übs.: D. Holtbrügge

In der neuen Verfassung hat Weißrußland als letzte der ehemaligen Sowjetrepubliken auch das Amt des Staatspräsidenten eingeführt. Der weißrussische Präsident, der alle fünf Jahre vom Volk gewählt wird, verfügt dabei ähnlich wie der russische Präsident über umfangreiche Vollmachten. So treten völkerrechtliche Verträge und innerstaatliche Gesetze erst dann in Kraft, wenn der Präsident ihnen zustimmt. Der Präsident ist Chef der Exekutive, er setzt die Regierung ein und ist Oberkommandierender der Armee.

Die von Lukašėnka am 24. November 1996 zur Abstimmung in einem Referendum vorgelegten Änderungen sehen eine weitere Stärkung seines Amtes und die weitgehende Beseitigung der Gewaltenteilung vor. So hat der Präsident das Recht, wichtige Ämter wie etwa den Vorsitz des Verfassungsgerichts und des Obersten Wirtschaftsgerichts autonom zu besetzen. Die Regierung wurde dem Präsidenten vollständig untergeordnet. Zudem wurden das Parlament in zwei Kammern aufgegliedert und seine Kompetenzen eng begrenzt. Schließlich sieht die Novellierung vor, daß die fünfjährige Amtszeit des Präsidenten vom Zeitpunkt der Annahme der neuen Verfassung an neu gezählt werden soll, was einer faktischen Verlängerung um zwei Jahre gleichkommt.

Mit Hilfe von landesweiten Propaganda-Aktionen sowie von massiven Wahlfälschungen gelang es dem Präsidenten, eine große Mehrheit für sein Vorhaben zu gewinnen. Nach offiziellen Angaben stimmten in dem Referendum 70,5 % für seine Verfassungsänderungen. Gleichzeitig votierte eine große Mehrheit für die von Lukašėnka vorgeschlagene Verlegung des Nationalfeiertags vom Tag der Unabhängigkeit (27. Juli 1991) auf den Tag der Befreiung der Stadt Minsk von der faschistischen Okkupation (3. Juli 1944), für Einschränkungen beim Erwerb von Grund und Boden sowie für die Beibehaltung der Todesstrafe.

Den letzten Akt des «Staatsstreichs», so der ehemalige Parlamentspräsident Šuškevič, bildete die unmittelbar nach dem Referendum erfolgte Einberufung des Obersten Rates, des Unterhauses des neuen Zweikammerparlaments, deren 110 Abgeordnete Lukašėnka persönlich ausgesucht und mit zahlreichen materiellen Zuwendungen auf seine Position eingeschworen hat. Der Sitzungssaal des alten Parlaments wurde abgeriegelt und allen Abgeordneten und deren Mitarbeitern verboten, das Gebäude zu betreten.

Leben wie in einer riesigen Gefängniszelle

In der Folgezeit gelang es Lukašėnka, seine Macht durch Repressionen und Schikanen gegen regimekritische Parteien, Gewerkschaften, Presseorgane und Privatunternehmen zu konsolidieren. Die Methoden dazu hatte er bereits 1995 in einem Interview mit dem Handelsblatt dargelegt, in dem er Hitler als Vorbild für die innere Neuordnung des Landes pries. So wurden viele Kandidaten der Opposition unter fadenscheinigen Anschuldigungen von den im Jahre 2000 durchgeführten Parlamentswahlen ausgeschlossen – sie riefen daraufhin zu einem Wahlboykott auf. Der seitdem agierende neue Oberste Rat des Landes besteht deshalb vor allem aus «Lukašėnka-Abhängern», wie es Pëtr Sadoŭski, der ehemalige weißrussische Botschafter in Deutschland, ausgedrückt hat.

Vor allem auf die Menschen in den Großstädten wirkt diese Restaurationspolitik fatal, führt sie doch zu einer immer größer werdenden Lethargie, die die zu Beginn der neunziger Jahre zögerlich aufgekommene Aufbruchstimmung im Keim erstickt. «Wir leben», so drückt es Aljaksandr Feduta, der ehemalige Pressesekretär Lukašėnkas aus, «wie in einer riesigen Gefängniszelle.»

Daß diese Metapher auch wörtlich zu nehmen ist, belegen die Berichte von Menschenrechtsorganisationen, die immer wieder Foltermethoden und andere grausame, unmenschliche und erniedrigende Strafen und Behandlungen anprangern. Seit 1999 sind mehrere Oppositionspolitiker unter ungeklärten Umständen ums Leben gekommen oder spurlos verschwunden. Im Mai 1999 verschwand der langjährige Innenminister Jurij Sacharenka, der sich gegen Lukašėnka gestellt hatte und als Generalmajor über großen Einfluß in den Sicherheitsorganen verfügte. Seit September 1999 nicht mehr gesehen wurden der ehemalige Stellvertretende Ministerpräsident und Leiter der Wahlkommission Viktar Hančar, der eine Untersuchung über einen Verfassungsbruch des Präsidenten leitete, sowie sein Bekannter, der Unternehmer Anatolij Krasaŭski. Im Juli 2000 verschwand schließlich der für den russischen Fernsehsender ORT tätige Kameramann Dmitrij Zavadcki. Verschiedene Anzeichen deuten darauf hin, daß alle diese Personen von Todesschwadronen umgebracht wurden, die der ehemalige

Sekretär des Sicherheitsrats und jetzige Generalstaatsanwalt Viktar Šejman dazu beauftragt hat. Auch der Tod von Hennadzi Karpenka, dem Vorsitzenden der Partei der Nationalen Eintracht (*Partyja Narodnaj Zgody, PNZ*), im April 1999 wird damit vielfach in Verbindung gebracht. Der Parlamentspräsident des 13. Obersten Sowjet Šarecki floh im Juli 1999 nach Litauen, wo er seitdem politisches Asyl genießt.

Der russische Journalist Pavel Šeremet über das Verschwinden seines Kollegen Dmitrij Zavadcki

«Vor einigen Jahren gründete das Innenministerium auf Befehl des Präsidenten eine geheime Einsatzgruppe, die ‹Staatsfeinde› bekämpfen sollte. Das bestätigen die Untersuchungsrichter, die an den Entführungsfällen arbeiten. Es sei damals eine Anleitung zum ‹perfekten Mord› ausgearbeitet worden: Menschen verschwinden spurlos. Dieses Muster wurde an den Paten der weißrussischen Unterwelt ausprobiert. Unter ungeklärten Umständen verschwanden 1998 in Weißrußland gleich mehrere Chefs organisierter krimineller Banden. Großes Aufsehen erregte das nicht – das Verbrechen berührte kaum jemanden. Doch dann gingen die Behörden dazu über, diese Methode auch gegen politische Gegner Lukašėnkas anzuwenden.
Aleg Alkaev, der ehemalige Leiter des Minsker Gefängnisses, ist den Häschern vorerst entkommen. Er lebt seit einem Monat in Deutschland. Alkaev glaubt, daß ... ‹zwei entführte hohe Politiker mit einer Pistole erschossen wurden, die in seinem Gefängnis für die Vollstreckung der Todesstrafe reserviert war. Mindestens zweimal hat Alkaev eine Pistole an den Innenminister Jurij Sivakoŭ übergeben lassen.› Die Übergabe fiel jeweils mit dem Verschwinden des ehemaligen Innenministers Sacharenka, des Wahlleiters Hančar und eines Unternehmers zusammen.
Alkaev meint auch den Grund zu kennen, warum die entführten Politiker mit der Gefängnispistole umgebracht wurden. ‹Die Pistole war nötig, um vorzuspiegeln, daß es sich nicht um einen gewöhnlichen Mord, sondern um die Vollstreckung der Todesstrafe handelte.› Damit sollte den Schützen nicht die ganze Verantwortung aufgebürdet werden. ‹Mit dieser Pistole war es eine quasilegale Hinrichtung, kein Mord. Vielleicht gab es auch ein Scheinurteil. Innenminister Sivakoŭ liebte solche Rituale.› Falls sie in einigen Jahren entdeckt werden, können Untersuchungsbeamte die Toten nur noch als einfache Verbrecher identifizieren, die legal per Gerichtsbeschluß hingerichtet wurden.»

Aus: Die Zeit, 6.9.2001, S. 7.

Die Opposition – bedroht, behindert und zerstritten

Die demokratische Opposition des Landes wird nicht nur bedroht und massiv behindert, sie ist auch untereinander heillos zerstritten. Gegenwärtig existieren mehr als 30 neue Parteien, deren Mitgliederzahl aber nur selten 1000 Personen übersteigt. Die meisten haben keinen hauptamtlichen Apparat und keine eigenen Räumlichkeiten. Bei den meisten Parteifunktionären handelt es sich um ehemalige Vertreter der sowjetischen Nomenklatura, die in der Vergangenheit entweder hohe Funktionen in Wirtschaft und Verwaltung innehatten oder früher mit dem amtierenden Präsidenten zusammengearbeitet haben.

Innerhalb der einzelnen Parteien kommt es immer wieder zu Fraktionskämpfen und Abspaltungen. So hat sich etwa die 1991 gegründete Weißrussische Sozialdemokratische Gemeinschaft *Hramada* (*Belaruskaja Sacyjal-Demakratyčnaja Hramada*), die in Namen und Programm stark an die Tradition ihrer Vorläuferorganisationen aus der Zeit zwischen 1903 und 1928 anknüpft, in gleich drei Gruppierungen gespalten, die von dem ehemaligen Parlamentspräsidenten Stanislaŭ Šuškevič, von Mikalai Statkevič und von Aljaksej Karol' geleitet werden. Da die Opposition nicht in der Lage ist, sich in der Bevölkerung als ernstzunehmende Alternative zu präsentieren, stabilisiert sie faktisch Lukašėnka und sein Regime.

Immerhin gelang es den oppositionellen Gruppierungen, sich unter Vermittlung der OSZE-Mission auf einen gemeinsamen Kandidaten für die im September 2001 durchgeführten Präsidentschaftswahlen zu einigen. Nachdem der bis 1996 amtierende Ministerpräsident Michail Čihir, der ehemalige Gouverneur der Region Hrodna Zjamon Domač, der Vorsitzende der Partei der Kommunisten von Weißrußland (*Partyja Kamunistoŭ Belarusi, PKB*) Sjargej Kaljakin und der frühere Verteidigungsminister Pavel Kasloŭski auf ihre Kandidatur verzichteten, trat schließlich der Gewerkschafts-Vorsitzende Uladzimir Hančarik gegen Lukašėnka an. Der bewährte Propaganda- und Manipulationsapparat sicherte Lukašėnka jedoch bereits im ersten Wahlgang seine überlegene Wiederwahl mit 75,6% der abgegebenen Stimmen. Hančarik erhielt lediglich 15,4%.

Medien mit Maulkorb

Ein zentraler Grund für die Schwäche demokratischer Parteien ist die stark unterentwickelte Medienlandschaft und das weitgehende Fehlen einer unabhängigen Presse. Die meisten Zeitungen und Zeitschriften wie die *Rėspublika* (Republik) oder die *Sovetskaja Belorussija* (Sowjetisches Weißrußland) werden durch den Präsidenten oder die Regierung kontrolliert und dienen vor allem der Veröffentlichung von Verlautbarungen und amtlichen Mitteilungen. Moderat kritische Artikel sind lediglich in den Zeitungen *Svaboda* (Freiheit) und *Znamija junosti* (Fahne der Jugend), in den Literaturzeitschriften *Nëman* und *Literatura i mastactva* (Literatur und Kunst) sowie in den Wirtschaftsmagazinen *Delo* (Geschäft) und *Belorusskaja delovaja gazeta* (Weißrussische Wirtschaftszeitung) zu finden. Letzterer wurde im Jahre 2001 der mit 50 000 DM dotierte Gerd-Bucerius-Preis der Zeit-Stiftung für junge Presse in Osteuropa verliehen.

Die Auflage und Bedeutung der kritischen Presse reicht aber an die entsprechender Zeitungen in Rußland wie *Moskovskie novosti* (Moskauer Nachrichten), *Nezavisimaja gazeta* (Unabhängige Zeitung) oder *Izvestija* (Nachrichten) bei weitem nicht heran. Vor allem außerhalb der Hauptstadt Minsk ist ihre Verbreitung nur gering. Vielen Blättern fehlt es aber auch an der nötigen Professionalität, um die politisch wenig interessierte Bevölkerung von der Notwendigkeit, sich zu informieren, zu überzeugen.

Mit dem Amtsantritt von Präsident Lukašėnka hat sich die Kontrolle der zentralen Presseorgane, der Rundfunksender sowie des einzigen, staatlichen Fernsehsenders weiter verschärft. Zunehmend findet nach einer kurzen Phase einer zumindest ansatzweisen Pressefreiheit wieder eine verdeckte Zensur statt. Zwar sind die privaten Presseorgane nicht direkt der politischen Führung unterstellt, sie müssen im Vergleich zur staatlichen Presse jedoch wesentlich höhere Druckkosten und Distributionsgebühren zahlen. Zudem ist es staatlichen Unternehmen verboten, Anzeigen in besonders kritischen Zeitungen zu schalten.

Vielfach greift Lukašėnka auch persönlich in die Medienpolitik ein: Kurz vor den Parlamentswahlen im Mai 1995 entließ er die Chefredakteure von vier führenden Zeitungen – u.a. der *Narodnaja hazeta* (Volkszeitung) und der *Svaboda* –, die über Protestkundgebungen gegen ihn berichten wollten. Andere kritische Journalisten werden massiv eingeschüchtert oder – wie der früher für die *Belorusskaja delovaja gazeta* und die *Minsk Economic News* tätige Journalist Jurij Drakochrust – in die Emigration getrieben.

Einen Höhepunkt seiner Verleumdungskampagne bildete wenige Tage vor den Parlamentswahlen von 1995 die zweimalige Ausstrahlung eines «Dokumentarfilms» mit dem Titel *«Njanavišč»* (Haß) im weißrussischen Fernsehen, in dem Ausschnitte aus den Reden führender Oppositionspolitiker mit Archivbildern weißrussischer Nazi-Kollaborateure während der deutschen Besatzung des Landes zusammengeschnitten waren. Die in Weißrußland zu empfangenen russischen Fernsehsender ORT, RTR und NTV werden dagegen bei besonders kritischen Reportagen wegen «Instandsetzungsarbeiten» gelegentlich kurzfristig abgeschaltet. Dies erinnert an dunkelste Zeiten sowjetischer Propaganda, als die Bevölkerung durch systematisch gefälschte und vorenthaltene Informationen manipuliert wurde. Die Ergebnisse der letzten Parlaments- und Präsidentschaftswahlen werden so durchaus nachvollziehbar.

Außen- und Sicherheitspolitik

Eisige Beziehungen zum Westen

Nach der Unabhängigkeitserklärung hat die weißrussische Führung zunächst versucht, vor allem die Beziehungen zu seinen europäischen Nachbarn und zu den USA durch den Abschluß bilateraler Handels- und Wirtschaftsabkommen zu intensivieren. Gleichzeitig wurden in Polen, Deutschland, den USA und anderen Ländern Botschaften und Handelsvertretungen eröffnet. Die Bundesrepublik hat im Gegenzug das von der DDR übernommene Generalkonsulat in Minsk Mitte 1992 in eine Botschaft umgewandelt. Am 30.1.1992 wurde Weißrußland auch in die KSZE (jetzt OSZE) und am 7.7.1992 in den Internationalen Währungsfonds (IWF) und in die Weltbank aufgenommen.

Schon 1945 war Weißrußland aufgrund der großen Leiden, die es im Zweiten Weltkrieg erdulden mußte, auf Drängen Stalins als Gründungsmitglied in die UNO aufgenommen worden. Bis Anfang der neunziger Jahre war die weißrussische Vertretung jedoch vollständig in die sowjetische Delegation eingegliedert und nur formal an den Entscheidungen der UNO beteiligt. Mit der Unabhängigkeit des Landes hat sich dies geändert. Sowohl Šuškevič als auch der ehemalige Außenminister Kraŭčanka haben wiederholt vor der UNO-Vollversammlung gesprochen.

Mit dem Amtsantritt Lukašėnkas haben sich die Beziehungen zum Westen stark verschlechtert. Die Europäische Union hat 1997 den mit Weißrußland paraphierten Vertrag über Partnerschaft und Zusammenarbeit storniert und alle offiziellen Kontakte auf Regierungsebene abgebrochen. Auch aus dem TACIS-Programm zur Förderung des Transformationsprozesses in den GUS-Staaten wurde das Land ausgeschlossen. Ausgenommen davon sind lediglich Maßnahmen zur Förderung des Demokratisierungsprozesses sowie Sozialprogramme. Der Europarat hat den Status des Landes als Sondergast suspendiert und wiederholt seine «tiefe Sorge» darüber zum Ausdruck gebracht, daß «Weißrußland beständig gegen die Standards des Europarats für demokratischen Pluralismus, Rechtsstaatlichkeit und Menschenrechte verstößt.»

Immerhin hat das Land Ende 1997 dem Vorschlag der Europäischen Union zugestimmt, eine Beratungs- und Beobachtungsmission der OSZE nach Minsk zu entsenden. Die bis Ende 2001 von Hans-Georg Wieck, dem ehemaligen deutschen Botschafter in Moskau, geleitete Mission versucht seitdem, im Verfassungskonflikt zwischen dem Präsidenten und der Opposition zu vermitteln und die Regierung bei der Entwicklung demokratischer Institutionen zu unterstützen. Wiederholt wurde ihr dabei vorgeworfen, die weißrussische Opposition organisatorisch und personell zu unterstützen, Wieck wurde mehrfach mit seiner Ausweisung gedroht. Im Frühjahr 2002 wurden seinem designierten Nachfolger Eberhard Heyken die Einreise verweigert und zwei weiteren OSZE-Mitarbeitern die Akkreditierungen entzogen, so daß die Mission seitdem faktisch arbeitsunfähig ist.

Rückwendung nach Rußland

Parallel zu dieser neuen Eiszeit in den Beziehungen zum Westen ist Lukašėnka seit seinem Amtsantritt bemüht, die Beziehungen zum östlichen Nachbarn Rußland zu intensivieren. Die außen- und si-

Drjazdy-Konflikt

Geradezu absurde Ausmaße nahm der Konflikt zwischen dem Präsidenten und den in Weißrußland akkreditierten ausländischen Botschaftern um ihre Residenzen im Minsker Stadtteil Drjazdy an. Im Juni 1998 wurde den Diplomaten mitgeteilt, daß sie ihre Residenzen räumen und sich Wohnungen in anderen Stadtteilen von Minsk suchen sollten – angeblich wegen notwendiger Reparaturarbeiten. In mehreren Häusern wurden Strom und Wasser abgestellt und die Zufahrten gesperrt. Hinter all dem steckten nach Vermutung der betroffenen Diplomaten vor allem persönliche Eitelkeiten des Präsidenten. Diesen störte offenbar die Anwesenheit der westlichen Botschafter in der Nähe seines eigenen Wohnsitzes. Nachdem Lukašenka nicht auf die Proteste der Botschafter reagierte, die in der Sperrung ihrer Residenzen eine Verletzung diplomatischer Konventionen sahen, verließen diese im Juni 1998 das Land. Die Europäische Union verhängte zudem ein Einreiseverbot für den Präsidenten und 130 führende Amtsträger, dem sich die USA anschlossen. Nach zähen Verhandlungen konnte der Konflikt erst im Dezember 1998 mit einem Kompromiß beigelegt werden.

cherheitspolitische Rückwendung nach Rußland kommt bereits im GUS-Vertrag über kollektive Sicherheit zum Ausdruck, der am 9. April 1993 unterzeichnet und im Dezember des gleichen Jahres ratifiziert wurde. Der Abschluß dieses Vertrags war innerhalb der weißrussischen Führung heftig umstritten. Während der damalige Ministerpräsident Kebič und die Mehrheit der Abgeordneten des Obersten Sowjet diesem Vertrag zustimmten, sprach sich der damalige Parlamentspräsident Šuškevič zusammen mit der demokratischen Opposition gegen eine Sicherheitsgemeinschaft mit Rußland aus, da die instabile innenpolitische Lage in Rußland keinerlei Sicherheitsgarantien ermögliche. Vor allem aber wurde befürchtet, daß weißrussische Soldaten in regionale Konflikte etwa im Kaukasus oder in Mittelasien hineingezogen werden könnten. Weißrußland wurde deshalb eine Sonderklausel eingeräumt, nach der die Stationierung weißrussischer Truppen auf dem Territorium anderer Vertragspartner und die Stationierung auswärtiger Truppen in Weißrußland der Zustimmung des weißrussischen Parlaments bedarf. Ob dieses Mitspracherecht im Ernstfall durchsetzbar ist, bleibt angesichts der äußerst schwachen Position Weißrußlands gegenüber Rußland sehr fraglich.

Ein weiterer Annäherungsschritt war der Abschluß von zwei Verteidigungsabkommen mit Rußland, in denen die in Weißrußland befindlichen strategischen Atomwaffen unter russische Verfügungsgewalt gestellt und deren Rückführung nach Rußland mit anschließender Vernichtung vereinbart wurden. Weißrußland ist seitdem ein atomwaffenfreies Land und plant auch im Rahmen der militärischen Zusammenarbeit mit Rußland nicht, wieder Nuklearwaffen auf seinem Territorium zu stationieren, wie der damalige Außenminister Ural' Latypoŭ während eines Deutschlandbesuchs im März 2000 nachdrücklich feststellte.

Durch die enge militärische Kooperation mit Rußland, die faktisch eine Unterordnung unter dessen sicherheitspolitische Interessen darstellt, verspricht sich Weißrußland vor allem wirtschaftliche Zugeständnisse. Rußland wiederum kann sich dadurch die kostspielige Rückverlagerung der im Westen Weißrußlands stationierten Luftabwehr- und Verteidigungsstaffeln an die eigene Westgrenze sparen. Zugleich wird die Dominanz Rußlands gegenüber den anderen GUS-Staaten durch die Reintegration Weißrußlands in seine eigenen Militärstrukturen verstärkt. Eine weitere Grundlage der Zusammenarbeit der beiden Länder bilden mehrere Unionsverträge, deren vorläufig letzter im Dezember 1999 bzw. Januar 2000 ratifiziert wurde. Darin haben die Partner eine enge politische, wirtschaftliche und sicherheitspolitische Zusammenarbeit sowie die Schaffung verschiedener Unionsorgane vereinbart, ohne daß diesen Verträgen jedoch maßgebliche Taten gefolgt wären.

Rußland hat die Haltung Lukašėnkas stets unterstützt und als einziges Land die Ergebnisse des Referendums sowie die neue Verfassung von 1996 anerkannt. Dafür gestattete Lukašėnka Rußland nicht nur die Nutzung der strategischen Funk- und Abwehrsysteme auf weißrussischem Territorium, sondern er räumte auch russischen Unternehmen weitgehende Zugeständnisse ein. Vor allem aber ist Weißrußland das einzige Land, daß die Positionen Moskaus zur NATO-Osterweiterung und zum Krieg in Tschetschenien vorbehaltlos unterstützt.

Mit der Wahl von Präsident Putin deutete sich jedoch eine veränderte Haltung Rußlands gegenüber Weißrußland an. Zwar war es von großer symbolischer Bedeutung, daß Putins erste Auslandsreise nach seiner Wahl im April 2000 nach Minsk führte und er als erster ausländischer Staats- und Regierungschef Lukašėnka zu dessen Wiederwahl am 9. September 2001 gratulierte, gleichzeitig hat er jedoch wiederholt die Asymmetrien im Verhältnis zwischen Rußland und Weißrußland betont. Von der polnischen Zeitung *Rzeczpospolita* wurden die Unionsverträge deshalb als «Heirat von Hase und Bär» verspottet (der Hase ist eine Anspielung auf die umgangssprachlich als «Häschen-Rubel» bezeichnete weißrussische Währung). Ob die geplante Vereinigung der beiden Staaten deshalb jemals zustande kommt, ist mehr als fraglich. Während Lukašėnka eine Union zweier Staaten vorschwebt, in deren Organen er dem Russischen Präsidenten gleichgestellt ist, wäre die russische Regierung allenfalls bereit, Weißrußland als Gouvernement in die Russische Föderation einzugliedern. Die Degradierung vom Präsidenten zum Gouverneur ist für Lukašėnka jedoch nicht akzeptabel.

Enttäuschter Nachbar Polen

Ein wesentlicher Bereich der weißrussischen Außenpolitik sind die Beziehungen zu Polen. Rund 500000 Polen leben überwiegend in den bis zum Jahre 1939 zu Polen gehörenden Verwaltungsbezirken Hrodna (poln. Grodna) und Brest (poln. Brześć). Auf der anderen Seite der Grenze, in der Wojewodschaft Białystok, der ärmsten Region Polens, leben 200000 bis 300000 Weißrussen. Sie versprechen sich von einer Belebung der polnisch-weißrussischen Wirtschaftsbeziehungen eine spürbare Verbesserung ihres Lebensstandards. Darüber hinaus sind beide Minderheiten bestrebt, das Recht auf Bewahrung und Entwicklung ihrer ethnischen, kulturellen, sprachlichen und religiösen Identität zu sichern. Dazu gehört vor allem das Recht auf Schulbildung in der eigenen Sprache und deren Gebrauch im Umgang mit Behörden. Unter anderem wurde dazu an der Universität Hrodna eine Adam-Mickiewicz-Gesellschaft ins Leben gerufen, die für die Ausbildung von polnischen Philologen zuständig ist. Auch eine Vereinigung der Polen Weißrußlands wurde gegründet, die von Anfang an entschieden für die demokratische Opposition des Landes eingetreten ist.

Die vertragliche Regelung des Verhältnisses zwischen Weißrußland und Polen gestaltet sich jedoch schwierig. Ein erster Versuch, eine gemeinsame Erklärung über gute Nachbarschaft und Zusammenarbeit zu verabschieden, scheiterte im Oktober 1990. Streitpunkt war neben der Frage des Minderheitenschutzes insbesondere die Formulierung, daß die bestehende Grenze zwischen den beiden Staaten «in Gegenwart und Zukunft» unantastbar sei. Erst nach dem gescheiterten Putschversuch im Jahre 1991 in Moskau, der eine innenpolitische Wende in Rußland und Weißrußland bewirkte, konnte ein entsprechender Vertrag paraphiert und dann im Juni 1992 ratifiziert werden. Darin erkennen Weißrußland und Polen die bestehenden Grenzen an und verpflichten sich zum Schutz der jeweiligen nationalen Minderheiten.

Mißtrauisch betrachtet man in Polen jedoch die Wiederannäherung Weißrußlands an Rußland. Vor allem der Beitritt Weißrußlands zum GUS-Vertrag über kollektive Sicherheit im April 1993 sowie die Unionsverträge zwischen Rußland und Weißrußland haben zu einer spürbaren Abkühlung in den polnisch-weißrussischen Beziehungen geführt. Zwar hat der polnische Präsident Kwaśniewski als einer der wenigen Staatschefs Präsident Lukašėnka im März 1996 einen Staatsbesuch abgestattet, die seitdem erfolgte Annäherung der beiden Staaten wird jedoch mit großer Sorge betrachtet. «Das Entstehen der weißrussisch-russischen ‹Gemeinschaft›», so Karl Hartmann, «bedeutete das endgültige Scheitern der polnischen Ostpolitik, die seit 1990 bemüht war, an Polens Ostflanke einen Kordon von Staaten zu schaffen, die mit Polen ausgesöhnt und befreundet, souverän und von Moskau unabhängig, nach Möglichkeit mit der Zeit wie Polen in die westlichen Militär- und Wirtschaftsstrukturen eingebunden, eine Art Pufferzone gegenüber dem Riesenreich Rußland bilden sollten.»

Weißrußlands Beziehungen zu Polen stehen also im Schatten der sicherheitspolitischen Interessen Rußlands. Dies zeigt, wie eng der außenpolitische Handlungsspielraum Weißrußlands ist. Zwar erscheint eine Auflösung der Eigenstaatlichkeit und Eingliederung in die Rußländische Föderation angesichts der unkalkulierbaren innen-, wirtschafts- und außenpolitischen Folgen für Rußland wenig wahrscheinlich, eine dauerhafte Beschränkung der außen- und sicherheitspolitischen Souveränität Weißrußlands ist jedoch sehr realistisch. Lediglich in der Innen- und Wirtschaftspolitik könnte das Land auf absehbare Zeit eine gewisse Eigenständigkeit behalten, ohne aber auch hier die Führungsrolle Rußlands ernsthaft in Frage zu stellen.

Warntafel im Süden des Bezirks Homel': Gefährliche Zone! Weiden von Vieh, Heuernte sowie Sammeln von Pilzen und Beeren verboten! – Foto: Christoph Püschner

WIRTSCHAFT UND ÖKOLOGIE

Das Scheitern der sozialistischen Marktwirtschaft

Das strukturelle Erbe der Sowjetwirtschaft

Im Vergleich zu den anderen GUS-Staaten besaß Weißrußland nach dem Zerfall der UdSSR im Jahre 1991 eine relativ günstige Ausgangssituation für einen raschen und sozial verträglichen Systemtransfer. Da die Industrie während des Zweiten Weltkriegs fast völlig zerstört wurde, sind die meisten Betriebe erst in den 50er und 60er Jahren entstanden. Dadurch sind Maschinen und Ausrüstungen vielfach weitaus moderner als in anderen GUS-Staaten. Das Land verfügt damit über eine diversifizierte und im GUS-Vergleich leistungsfähige Industrie, in der insgesamt ca. 60% des Bruttoinlandsprodukts (BIP) erwirtschaftet werden. Die wichtigsten Branchen sind der Maschinenbau und die Metallindustrie, die chemische Industrie, die Nahrungsmittelindustrie sowie die Elektro- und die Fahrzeugbauindustrie. Von großer Bedeutung ist darüber hinaus die Landwirtschaft, auf die rund ein Viertel des BIP entfallen.

Bedeutende Industriestandorte und Industriezweige

Minsk:	Werkzeug- und Schwermaschinenbau, elektrotechnische und elektronische Industrie, Fahrzeugbau, Baustoffindustrie, Textil- und Schuhindustrie, Holzindustrie
Homel':	Maschinen- und Elektrogerätebau, Düngemittelproduktion, Baustoffindustrie, Textilindustrie
Vitebsk:	Maschinen- und Gerätebau, Textil- und Schuhindustrie
Mahilëŭ:	Eisenmetallurgie, Fahrzeug- und Maschinenbau, Chemie- und Leichtindustrie
Svetlahorsk:	Chemische Industrie
Babrujsk:	Chemische Industrie, Maschinenbau, Schuhindustrie
Navapolacak:	Erdölverarbeitende Industrie, chemische Industrie
Salihorsk:	Kali- und chemische Industrie
Žadina:	Fahrzeugbau
Žlabin:	metallurgische Industrie

Quelle: Bundesstelle für Außenhandelsinformation: Länderkurzportrait Weißrußland. Köln 1992, S. 2.

Auch die internationale Zahlungsfähigkeit Weißrußlands wurde von den internationalen Finanzorganisationen erheblich besser als die der anderen Nachfolgestaaten der UdSSR eingestuft, nachdem sich Rußland durch ein bilaterales Abkommen im Juli 1992 dazu verpflichtet hatte, die gesamten Auslandsschulden zu übernehmen. Der Anteil an den Auslandsschulden der ehemaligen UdSSR hätte sich nach der Solidarverpflichtung auf 3,4 Mrd. US-$ belaufen, so daß Weißrußland jährlich 500 bis 600 Mio. $ für Zins- und Tilgungszahlungen hätte aufwenden müssen. Im Gegenzug hat das Land Rußland seinen Anteil an den Aktiva der ehemaligen UdSSR im Ausland (vor allem Liegenschaften) übertragen und den kostenlosen Transfer von russischen Waren und Energieträgern über sein Territorium zugesichert.

Diesen Vorteilen gegenüber anderen GUS-Staaten stehen jedoch auch einige gravierende Nachteile gegenüber. Ein besonders schwerwiegendes strukturelles Erbe stellt die Monostruktur der weißrussischen Industrie dar. In fast allen Bereichen überwiegen Großbetriebe, die oft einen Großteil des Gesamtbedarfs der ehemaligen UdSSR deckten. Da die alten Absatzmärkte nun weitgehend zerfallen und neue Absatzmärkte aufgrund der geringen internationalen Wettbewerbsfähigkeit nur sehr langsam erschlossen werden können, ist die Auslastung vieler Großunternehmen bereits kurz nach 1991 auf teilweise unter 30% gesunken.

Auch auf der Importseite ist die weißrussische Volkswirtschaft in einem sehr hohen Maße von Energie-, Rohstoff- und Vorproduktlieferungen aus anderen GUS-Staaten und insbesondere aus Rußland angewiesen. Das Land verfügt nur über unbedeutende eigene Rohstoffvorkommen wie Torf, Stein- und Kalisalze, Phosphorite und eine Erdölförderung von lediglich etwa 2 Mio. t pro Jahr. Mehr als 90% des Bedarfs an Energieträgern, 99% an Eisenmetallen sowie 60% an Zement müssen deshalb importiert werden. Nachdem die alten Lieferstrukturen mit dem Zerfall der UdSSR weitgehend zusammengebrochen sind und Rohstoffe und Energieträger zunehmend zu Weltmarktpreisen beschafft werden müssen, sind viele Unternehmen damit selbst im Vergleich zu russischen Unternehmen nicht mehr konkurrenzfähig.

Besonders drastisch wirkt sich der Zerfall der UdSSR für die Rüstungsindustrie aus, der quantitativ und qualitativ eine Schlüsselstellung zukam. Vor allem in Minsk, aber auch in anderen Regionen waren teilweise bis zu einem Viertel der Arbeitskräfte in den Staatsbetrieben der militärischen Produktion tätig. Ein Großteil der Forschungs- und Entwicklungseinrichtungen sowie fast alle für Innovationen bedeutsamen Spitzentechnologien wie Mikroelektronik, moderne Kommunikations- und Informationstechnologien, neue Werkstoffe sowie Hochveredelungs- und Energiespartechnologien waren im militärisch-industriellen Komplex konzentriert und dem zivilen Sektor nur in Ausnahmefällen und auch dann erst mehrere Jahre nach ihrer Entwicklung zugänglich. Im Gegensatz zu den USA gab es zudem so gut wie keine technologischen Spin-off-Effekte auf die zivile Wirtschaft. So hat der Rüstungssektor der weißrussischen Volkswirtschaft einen Großteil ihrer Ressourcen entzogen. Er birgt gleichzeitig ein enormes Potential, das zur Steigerung der Effektivität der Wirtschaft genutzt werden könnte. Bereits seit mehreren Jahren gibt es deshalb Bestrebungen, Rüstungsbetriebe auf die Produktion ziviler Güter umzustellen.

Bislang waren diese Versuche jedoch wenig erfolgreich. Zwar wurde die Produktion von Rüstungsgütern seit 1988 um 95 % gesenkt, dabei jedoch keine alternative Produktion aufgebaut. Dies wird vor allem durch den Widerstand der Manager und Mitarbeiter erschwert, die ihre bisherige Sonderstellung, ihre besseren Arbeitsbedingungen und höhere Bezahlung nicht ohne Kompensationen preisgeben wollen. Statt ein tragfähiges Konversionsprogramm auszuarbeiten, beschränkt sich die Wirtschaftspolitik deshalb weitgehend darauf, die staatlichen Betriebe und Einrichtungen des militärisch-industriellen Komplexes weiter zu subventionieren und zunehmend auch neue Märkte für Rüstungsexporte zu erschließen.

Nicht zuletzt ist das Land in besonderem Maße von den Auswirkungen der Reaktorkatastrophe in Tschernobyl betroffen, durch die vor allem in den südlichen Regionen fruchtbares Ackerland hochgradig verseucht und insgesamt ca. 20% des Territoriums verstrahlt worden sind. Der Anteil der Ausgaben zur Bewältigung der Tschernobyl-Folgen am Staatshaushalt ist jedoch zwischen 1991 und 1995 von ca. 20% auf 7,7 % geschrumpft. Seit 1996 werden diese Ausgaben nicht mehr gesondert ausgewiesen.

Unentschlossene Wirtschaftspolitik – Mit kleinen Schritten zum Ziel oder nur zivilisiert in den Abgrund?

Trotz dieser großen strukturellen Herausforderungen ist in der Wirtschaftspolitik der jungen Republik Weißrußland von Anfang an kein ausgeprägter Reformeifer zu erkennen gewesen. Der Einfluß der zentralen und regionalen Bürokratie wurde nie maßgeblich zurückgedrängt, so daß sich neue Strukturen in Wirtschaft und Gesellschaft nur sehr mühsam entfalten konnten. Bereits unter Šuškevič und Hryb wurde die Wirtschaftspolitik weitgehend von ehemaligen Kommunisten und Mitgliedern der früheren Nomenklatura dominiert, während die neu gegründeten Parteien zu unbedeutend und untereinander zu zerstritten waren, um spürbaren Einfluß darauf nehmen zu können. Auch fehlten im Gegensatz zu Rußland junge und profilierte Ökonomen, die als Abgeordnete oder Berater durch richtungweisende Wirtschaftsprogramme entscheidende wirtschaftspolitische Akzente hätten setzen können. Die Wirtschaftspolitik ist deshalb seit 1991 mehr durch eine Taktik des zögerlichen Abwartens und der Konfliktvermeidung als durch umfassende und zielstrebige Reformen geprägt.

Nach der Wahl von Aljaksandr Lukašėnka zum Staatspräsidenten im Juli 1994 hat dieser entgegen seinen Wahlversprechungen überraschenderweise zunächst eine durchaus marktwirtschaftlich orientierte Politik verfolgt. So sah das dem weißrussischen Parlament am 29. September 1994 vorgelegte Anti-Krisen-Programm vor, staatliche Preisfixierungen und die Subventionierung unrentabler Betriebe zu reduzieren, die Privatisierung zu beschleunigen und die Inflationsrate durch eine Indexierung der Löhne zu senken. Auffallend ist auch, daß an der Ausarbeitung dieses Programms Vertreter der Wirtschaftsverbände, Gewerkschaften und Wirtschaftsinstitute beteiligt wurden, wodurch offensichtlich ein breiter öffentlicher Konsens sichergestellt werden sollte.

Schon bald sind diese zögerlichen Schritte jedoch weitgehend zum Erliegen gekommen und in vielen Bereichen sogar wieder rückgängig gemacht worden. Kennzeichen für diese Resowjetisierung der Wirtschaft sind eine stark inflationsfördernde Geld- und

Finanzpolitik, zunehmende staatliche Eingriffe in den Wirtschaftsprozeß und eine weitgehende außenwirtschaftliche Selbstisolation.

Inflationäres Wachstum

Vordergründig hat sich die wirtschaftliche Entwicklung in Weißrußland in den letzten Jahren leicht verbessert. Das Bruttoinlandsprodukt steigt seit 1996 mit jährlichen Wachstumsraten von durchschnittlich 6% an. An diesen offiziell ausgewiesenen Wachstumsraten sind jedoch erhebliche Zweifel angebracht. Zahlreiche Anzeichen sprechen dafür, daß diese weniger auf eine realwirtschaftliche Gesundung der weißrussischen Wirtschaft als vor allem auf «Bilanztricks», massive administrative Eingriffe und eine Reaktivierung planwirtschaftlicher Instrumente zurückzuführen sind. So ist etwa das Gütertransportvolumen im Gegensatz zum BIP in den letzten drei Jahren um durchschnittlich 5% gesunken. Ein weiterer Widerspruch besteht darin, daß der Anstieg der realen Einzelhandelsumsätze den Anstieg der real verfügbaren Geldeinkommen beträchtlich übersteigt, obwohl die Konsumquote insgesamt nur leicht angestiegen ist. Dies deutet darauf hin, daß die Produktion zwar durch administrative Maßnahmen gesteigert wird, die Unternehmen aber nicht genügend Käufer für ihre Produkte finden. Im Jahre 2000 waren deshalb 21% aller Unternehmen verlustbringend. Angesichts äußerst starker Schrumpfungsraten in den Jahren 1991 bis 1995 bezieht sich das für die folgenden Jahre ausgewiesene Wirtschaftswachstum zudem auf ein – auch im Vergleich zu anderen mittel- und osteuropäischen Staaten – sehr niedriges Niveau.

Entwicklung wichtiger Wirtschaftsindikatoren
(Veränderung gegenüber dem Vorjahr in %)

	1996	*1997*	*1998*	*1999*	*2000*	*2001*
Bruttoinlandsprodukt	2,8	11,7	8,4	3,4	5,8	4,1
Industrieproduktion	4	19	12	10	8	5
Inflationsrate	53	64	73	294	169	61
Exporte (außer GUS)	6	2	–0,7	20	28	1
Importe (außer GUS)	26	21	4	–20	7	–4

Quelle: Staatskomitee für Statistik der Republik Weißrußland

Auch die Investitionstätigkeit ist offiziellen Angaben zufolge im Durchschnitt der letzten fünf Jahre deutlich angestiegen. Eine sektorale Analyse verdeutlicht jedoch, daß diese nur wenige Bereiche betrifft und vor allem auf die äußerst kräftige Zunahme der Wohnungsbautätigkeit zurückzuführen ist. Von diesen Investitionen gingen bislang jedoch keinerlei Multiplikatoreffekte auf andere Sektoren aus. Die Investitionstätigkeit in der vorgelagerten Bauwirtschaft, die eigentlich eine deutliche Zunahme hätte verzeichnen müssen, nahm lange Zeit sogar weiter ab. Auch die Investitionen in der Landwirtschaft und der Industrie lagen deutlich unter dem Durchschnitt oder waren sogar rückläufig. Weißrussische Unternehmen leben damit mehr und mehr von ihrer Substanz, was deren internationale Wettbewerbsfähigkeit und die zukünftigen Wachstumsaussichten der Gesamtwirtschaft erheblich verschlechtert. Dies gilt insbesondere für die Landwirtschaft, wo es zahlreiche Berichte über die Schlachtung von Zuchtvieh und über Maschinen gibt, die aufgrund fehlender Ersatzteile stillstehen.

Vor allem sind die ausgewiesenen Wachstumsraten nicht auf eine reale Zunahme der inländischen Nachfrage, sondern auf zentralisierte Kredite der Nationalbank zurückzuführen, die diese zu stark negativen Realzinsen (d.h. zu einem Zinssatz, der deutlich unter der Inflationsrate liegt) vergibt. Diese staatlichen Subventionen tragen zu einem Fortbestehen der *low budget constraints* bei, so daß den Unternehmen jeglicher ökonomische Anreiz und Druck für dringend notwendige Maßnahmen zur Strukturanpassung fehlt. Ende der neunziger Jahre wurden zudem mehr als 80% der Kredite mit der Zweckbindung versehen, diese ausschließlich für die Landwirtschaft und den Wohnungsbau zu verwenden. Dahinter steht das politische Motiv der Regierung, die Preise für Grundnahrungsmittel niedrig zu halten und vor allem jungen Familien mehr Wohnungen zur Verfügung zu stellen.

Das subventionsgeförderte, durch das Drucken von Geld ausgelöste Wachstum des BIP und der Bruttoanlageinvestitionen hat einen erheblichen Anstieg der Inflationsrate bewirkt. Nachdem diese zwischen 1996 und 1998 bereits bei durchschnittlich 63% lag, schnellte sie in den folgenden beiden Jahren auf 294 bzw. 169% hoch, 2001 lag sie wieder bei 61%.

Die Preissteigerungen wären wahrscheinlich noch höher ausgefallen, wenn die Regierung nicht staatliche Preisfixierungen erlassen und mit Dekreten Preiserhöhungen über ein bestimmtes Niveau verbieten würde. Lukašėnka hat sich darüber hinaus mehrfach selbst durch höchst populistische Aktionen als Bekämpfer der Inflation hervorgetan. So hat er bei einem Besuch des spanischen Restaurants «Ispanskij kutok» auf dem Minsker Skaryna-Prospekt die Preise auf der Speisekarte öffentlichkeitswirksam durchgestrichen und nach unten korrigiert. Zudem ordnete er an, daß das Restaurant nachmittags weißrussische Gerichte zu erschwinglichen Preisen anzubieten habe. Das Restaurant beugte sich dem Druck des Präsidenten.

Durch diese Maßnahmen konnte zwar die nominale Inflationsrate – auf ein immer noch sehr hohes Niveau – begrenzt werden, die Folge davon sind jedoch häufige Lieferengpässe bei Grundnahrungsmitteln wie Käse oder Kondensmilch. Da zudem die Realeinkommen deutlich unter den Preissteigerungen liegen, nimmt die Armut unter der Bevölkerung bedrohliche Ausmaße an. Gegenwärtig leben mehr als drei Viertel der Menschen unterhalb der offiziellen Armutsgrenze. Ohne eine ausgeprägte Subsistenz- und Naturalwirtschaft könnten viele Menschen deshalb nicht überleben.

Wie skrupellos der weißrussische Präsident die wachsende Armut der Bevölkerung noch zu einem Erfolg seiner Wirtschaftspolitik verdreht, belegen wiederholte Behauptungen, Weißrußland sei das Land mit den höchsten Lohnsteigerungen in der Welt. Zum Beleg werden die Durchschnittseinkommen in Euro oder US-Dollar ausgegeben. Da der Wechselkurs des weißrussischen Rubel gegenüber diesen Währungen durch administrative Maßnahmen langsamer steigt als die Nominaleinkommen, sind tatsächlich hohe Nominallohnsteigerungen ausweisbar. Für die überwiegende Mehrheit der Bevölkerung hat diese Umrechnung ihres Einkommens jedoch keine praktische Bedeutung: sie dürfen es wegen der nur begrenzten Inlandskonvertibilität des weißrussischen Rubel nicht in Euro oder US-Dollar tauschen.

Das für die letzten Jahre ausgewiesene Wirtschaftswachstum kann somit nicht als erstes Anzeichen eines dauerhaften wirtschaftlichen Aufschwungs gewertet werden, der auf einem erfolgreichen ökonomischen Systemtransfer beruht. Es ist vielmehr in erster Linie auf die Revitalisierung von Absatzwegen aus sowjetischer Zeit und inflationstreibende staatliche Subventionen zurückzuführen. Der Internationale Währungsfonds bezeichnet diese Politik als «Zeitbombe», die früher oder später eine «Explosion» mit verheerenden ökonomischen Folgen bewirken wird.

Rückkehr zum Sozialismus als ordnungspolitisches Leitbild

Die Rückkehr zu einer sozialistisch-administrativ geprägten Wirtschaftspolitik wird insbesondere im Bereich der Privatisierung sichtbar. Zwar wurde bereits am 19. Januar 1993 ein «Gesetz über die Privatisierung» und eine entsprechende «Verordnung über die Entstaatlichung und Privatisierung des staatlichen Eigentums» verabschiedet, dieses Gesetz sowie die in den folgenden Jahren verabschiedeten Privatisierungsprogramme wurden jedoch stets nur zu einem geringen Teil umgesetzt. Seit 1996 kam der Privatisierungsprozeß fast vollständig zum Erliegen. Vielfach hat zudem nur eine Rechtsformumwandlung in überwiegend staatseigene Aktiengesellschaften stattgefunden, während strategische und kapitalkräftige externe Investoren nur eine geringe Rolle spielen. Seit Beginn des Jahres 1997 sind sogar wieder Renationalisierungen zu beobachten.

Gleichzeitig wird die Neugründung von Unternehmen durch ein aufwendiges Registrierungsverfahren, administrative Willkürmaßnahmen und ein völlig undurchsichtiges und unternehmerfeindliches Steuersystem massiv behindert. Der Anteil des privaten Sektors am BIP liegt deshalb weit unter entsprechenden Werten der anderen mittel- und osteuropäischen Staaten und auch noch deutlich unter dem Niveau in Rußland.

Durch die Einführung einer «goldenen Aktie» hat sich die weißrussische Regierung zudem die weitgehende Kontrolle aller Unternehmen mit staatlicher oder kommunaler Beteiligung gesichert. Deren Vertretern in den Leitungsorganen von Aktiengesellschaften wurde «zum Schutz der staatlichen Verteidigung und Sicherheit, der ökonomischen Interessen des Landes sowie der Sittlichkeit, Gesundheit und verfassungsmäßigen Rechte der Bürger» ein Vetorecht bei allen Entscheidungen eingeräumt, die die Reorganisation oder Liquidation des Unternehmens, die Veränderung des Statutenfonds, die Gewinnverwendung, die Berufung von Führungskräften und deren Kompetenzen sowie alle zustimmungspflichtigen Geschäfte betreffen, die in die Kompetenz des Vorstands oder der Aktionärsversammlung fallen.

Ein weiteres Beispiel für die Revitalisierung planwirtschaftlicher Instrumente sind die zunehmenden staatlichen Eingriffe in den Arbeitsmarkt. So hat Lukašėnka im März 1997 durch ein Dekret festgelegt, daß die Steigerung der Zahl der Arbeitslosen auf über 130000 «unzulässig» sei. Tatsächlich konnte die Arbeitslosenquote dadurch auf ein im Vergleich zu anderen GUS-Staaten sehr niedriges Niveau begrenzt werden. Weißrußland weist damit zwar eine sehr hohe Beschäftigungsquote auf, die versteckte Arbeitslosigkeit dürfte jedoch erschreckende Ausmaße annehmen.

An sowjetische Zeiten erinnert auch die Verfügung, daß Hochschulabgänger ihren künftigen Arbeitsplatz nicht frei wählen können, sondern zunächst für zwei Jahre eine staatlich zugewiesene und vom Arbeitgeber nicht kündbare Stelle annehmen müssen. Gleichzeitig wurde der Entwurf eines präsidialen Dekrets zur Steigerung der Arbeitsdisziplin veröffentlicht, das unter anderem die fristlose Kündigung von Mitarbeitern vorsieht, die dreimal zu spät zur Arbeit erscheinen. Diesen sollte zudem für einen Zeitraum von zwei Jahren jede Beschäftigung untersagt werden. Auf massiven Protest von Mitarbeitern staatlicher und privater Unternehmen wurde dieser Entwurf zwar zurückgezogen und eine abgemilderte Version umgesetzt, ohne den repressiven Charakter des Erlasses jedoch grundsätzlich zu beseitigen.

Trotz dieser massiven staatlichen Eingriffe in den Wirtschaftsprozeß hat sich – wie oben dargelegt – die wirtschaftliche Situation der Bevölkerung in den letzten Jahren weiter verschlechtert. Eine innere Bedrohung für das Regime Lukašėnkas dürfte deshalb weniger von der zerstrittenen Opposition als von der prekären wirtschaftlichen Entwicklung ausgehen, die sich hartnäckig allen Dekreten des Präsidenten widersetzt.

Rubel, Häschen oder doch richtiges Geld?

Ähnlich zögerlich und unentschlossen wie die Privatisierung ist bislang auch die Finanz- und Währungspolitik verlaufen. Angesichts der Rubel-Bargeldknappheit und zum Schutz der heimi-

Die nach dem Tiermotiv «Häschen» benannten Geldscheine waren zunächst als Übergangswährung gedacht.

schen Bevölkerung vor «Konsumtouristen» aus anderen Republiken des Rubel-Währungsraumes sah sich die weißrussische Regierung zu Beginn des Jahres 1992 gezwungen, Bezugsscheine (*talony*) für bestimmte defizitäre Produkte auszugeben. Seit Mitte des Jahres 1992 emittiert die im April 1991 gegründete Weißrussische Nationalbank zudem eigene Kupons (*kupony*). Diese Kupons – nach den auf ihnen abgedruckten Tiermotiven im Volksmund «Häschen» (*zajčiki*) genannt – waren zunächst aber nur als Parallelwährung zum Rubel gedacht.

Das Vorhaben, eine eigene weißrussische Währung einzuführen, wurde dann jedoch auf Eis gelegt, nachdem der Kurs der *zajčiki* gegenüber dem Rubel nach der russischen Banknoten-Reform im Juli 1993 innerhalb weniger Tage von 1 : 1 auf 1 : 2,6 gesunken war. Statt dessen hat sich die weißrussische Regierung zu einem Verbleib in der «neuen» Rubel-Zone entschieden und damit faktisch Souveränitätsrechte an Rußland abgetreten. Als Gegenleistung hat Rußland Weißrußland für das zweite Halbjahr 1993 nochmals einen einmaligen Kreditrahmen in Höhe von 70 Mrd. Rubel gewährt.

Gleichzeitig haben Rußland und Weißrußland über den Abschluß einer Währungsunion verhandelt und darüber im April 1994 auch einen entsprechenden Vertrag unterzeichnet. Im Oktober 1994 ist die Ratifizierung dieses Vertrags von russischer Seite jedoch auf unbestimmte Zeit ausgesetzt worden. Gründe dafür waren vor allem Befürchtungen, daß die weitaus höhere Inflationsrate in Weißrußland die mühsam erzielte Stabilisierung des russischen Rubel gefährden könnte, die Währungsunion für Rußland erhebliche finanzielle Folgekosten verursachen würde und das deutlich geringere Tempo der weißrussischen Reformen den Transformationsprozeß in Rußland verzögern könnte. Auch die Weißrussische Nationalbank unter ihrem damaligen Präsidenten Stanislaŭ Bahdankevič war gegen die Währungsunion, da Weißrußland dadurch seine wirtschaftspolitische Souveränität an Rußland abgegeben hätte.

Anstelle der Währungsunion wurde zwischen den Regierungschefs der GUS-Staaten im September 1994 eine Zahlungsunion vereinbart, die einen geregelten und vereinfachten Zahlungs- und Verrechnungsverkehr zwischen den Mitgliedstaaten vorsieht. Gleichzeitig wurden die *zajčiki* zum alleinigen Zahlungsmittel in Weißrußland deklariert.

Außenwirtschaftliche Selbstisolation

Da Weißrußland bis zur Auflösung der UdSSR mit den anderen Sowjetrepubliken in einem Binnenmarkt ohne Zölle und Grenzkontrollen eingebunden war und die Führung der ehemaligen UdSSR den politischen Zusammenhalt des Vielvölkerstaates durch eine möglichst intensive gegenseitige wirtschaftliche Abhängigkeit zu festigen suchte, ist die wirtschaftliche Verflechtung mit den übrigen GUS-Staaten ausgesprochen hoch. Die Handelsbilanz

Traktoren aus Minsk für den Export nach Pakistan. – Foto: Christian Püschner

mit diesen Staaten wies dabei bis 1991 beträchtliche Überschüsse auf – eine Folge der Unterbewertung der Rohstoff- und Energieimporte und der Überbewertung der Exporte industrieller Fertigprodukte.

Seit aber auch unter den GUS-Staaten der Außenhandel zunehmend zu Weltmarktpreisen und in konvertiblen Währungen abgewickelt wird, haben sich die *terms of trade* und damit die Handels- und Leistungsbilanz vor allem im Verhältnis zu Rußland erheblich verschlechtert. Weißrussische Industrieprodukte können nur noch zu niedrigeren Preisen abgesetzt werden, während die umfangreichen Energie- und Rohstoffimporte wesentlich höhere Kosten verursachen. Zwar räumt Rußland Weißrußland zum Teil günstigere Konditionen als z.B. der Ukraine ein, diese Bevorzugung ist aber an zahlreiche politische Bedingungen geknüpft.

Anders als die anderen mittel- und osteuropäischen Staaten hat Weißrußland in den letzten Jahren kaum Anstrengungen unternommen, sich nach dem Wegfall der früheren politisch motivierten Handelsbarrieren neue Absatzmärkte in Westeuropa zu erschließen. Mehr als zwei Drittel des Außenhandelsvolumens entfallen weiterhin auf die GUS-Staaten, davon alleine fast 60%

der Exporte und nahezu 50% der Importe auf Rußland. Berücksichtigt man darüber hinaus die mit Rußland abgewickelten statistisch nicht erfaßten Bartergeschäfte, also die Tauschgeschäfte Ware gegen Ware, dürfte dessen Anteil am weißrussischen Außenhandel sogar noch größer sein.

Die bedeutendsten Handelspartner außerhalb der GUS sind Deutschland und Polen, auf die jeweils rund 4% des Außenhandelsumsatzes entfallen. Zu den wichtigsten Importgütern aus Deutschland zählen Werkzeugmaschinen, Automobile, elektrotechnische Produkte und Textilien. Exportiert werden vor allem Kühlschränke, Traktoren, Fernsehgeräte sowie optische und feinmechanische Geräte. Nachdem die weißrussische Handelsbilanz im Jahre 2000 ein Defizit von nahezu 1 Mrd. US-$ aufwies, wurden 2001 die Importe stark verringert. In den ersten acht Monaten des Jahres konnte das Handelsbilanzdefizit dadurch auf 21,9 Mio. US-$ reduziert werden.

Die weitgehende Abschottung des Landes von den lukrativen mittel- und westeuropäischen Absatzmärkten dürfte durch die geplante Osterweiterung der Europäischen Union noch weiter zunehmen. Es ist anzunehmen, daß durch die Integration Polens, Ungarns, Tschechiens, Sloweniens und Estlands in den gemeinsamen Binnenmarkt die relativen Kosten für Importe aus Drittländern, gegenüber denen die bestehenden tarifären und nichttarifären Handelshemmnisse nicht abgebaut werden, ansteigen (*trade diversion effect*) und damit die Markteintrittsschranken für weißrussische Unternehmen noch höher werden. Für die relativ kleine weißrussische Volkswirtschaft könnte dies erhebliche negative ökonomische Folgen haben und zudem die ökonomische Abhängigkeit von Rußland weiter forcieren. Da dies den politischen Interessen von Präsident Lukašėnka entgegensteht, bemüht sich dieser seit 1997 verstärkt, die außenwirtschaftlichen Beziehungen zu einigen asiatischen Staaten wie China, Vietnam und Südkorea zu intensivieren. Darüber hinaus wurden mehrere Abkommen mit Syrien und dem Iran über Handel, die Vermeidung von Doppelbesteuerung und technische Zusammenarbeit abgeschlossen.

Die Erschließung neuer Absatzmärkte ist dringend erforderlich, um die prekäre Zahlungsbilanzposition des Landes zu entschärfen. Der negative Handelsbilanzsaldo und die Bemühungen der Regierung um eine Stabilisierung des nominalen Wechselkurses (bei einer gleichzeitigen expansiven Geldpolitik) haben zu einer erheblichen Überbewertung des weißrussischen Rubel (BLR), zu ernsten Zahlungsbilanzproblemen und zu einem rapiden Rückgang der Währungsreserven geführt. Da die Nationalbank sich dadurch gezwungen sah, ihre Bemühungen zur Stützung ihrer Währung aufzugeben, fiel der Wechselkurs des BLR innerhalb weniger Monate des Jahres 1998 um mehr als 50%. Nach einer Denomination, d.h. der Streichung von drei Nullen, lag der Kurs im Juli 2002 bei 1800 BLR für einen Euro.

Warten auf ausländische Investoren

Neben dem Außenhandel und der Währungspolitik stellen ausländische Direktinvestitionen einen weiteren wichtigen Bereich der außenwirtschaftlichen Tätigkeit dar. Unter den Bedingungen einer stark abnehmenden Investitionstätigkeit und einer sinkenden internationalen Wettbewerbsfähigkeit kommt diesem sogar eine besondere Bedeutung zur Unterstützung des Transformationsprozesses zu. Nach weißrussischen Schätzungen benötigt das Land 2 Mrd. US-$ jährlich, nach internationalen Schätzungen sogar insgesamt ca. 50 Mrd. US-$ an ausländischen Investitionen, um neue Technologien einführen und dringend erforderliche Strukturanpassungen maroder Betriebe durchführen zu können. Darüber hinaus könnten ausländische Direktinvestitionen spürbare Wettbewerbseffekte bewirken, die sich aufgrund der monopolistischen Industriestruktur auch durch eine zügige Privatisierung nicht erzielen lassen.

Ausländische Direktinvestitionen in Form von Joint Ventures können bereits seit dem 13. Januar 1987 durchgeführt werden, nachdem der Ministerrat der früheren UdSSR eine entsprechende Verordnung erlassen hat. Seit November 1991 ist darüber hinaus auch die Gründung 100%iger ausländischer Tochtergesellschaften möglich.

Weißrußland besitzt zahlreiche Standortvorteile, die sehr früh das Interesse ausländischer Unternehmen geweckt haben. Zu nennen sind dabei insbesondere die günstige geographische Lage zwischen Ost- und Westeuropa, das niedrige Lohnniveau und das hohe Qualifikationsniveau von Ingenieuren und Technikern. Zusätzliches Interesse hat die Vereinbarung einer Zollunion mit Rußland hervorgerufen, nach der es möglich ist, in Weißrußland produzierte Waren zollfrei nach Rußland zu exportieren. Das Land könnte dadurch als «Sprungbrett» für den Einstieg in einen der größten und perspektivenreichsten Märkte der Welt eine herausragende Bedeutung erlangen.

Trotz dieses insgesamt sehr großen Potentials sind Zahl und Umfang der ausländischen Direktinvestitionen jedoch nur sehr gering. Zwar wurden seit 1987 rund 3000 Joint Ventures und 100%ige Tochtergesellschaften ausländischer Unternehmen registriert (darunter auch so prestigeträchtiger Unternehmen wie Coca-Cola und McDonald's), viele davon existieren aber nur auf dem Papier oder sind zu klein, um spürbare positive Effekte auf die weißrussische Volkswirtschaft ausüben zu können. Darüber hinaus zeigt sich, daß ausländische Unternehmen in Weißrußland vor allem im Handels- und Dienstleistungssektor und in der Lohnveredelung tätig sind. Der ausländische Anteil am Stammkapital dieser Unternehmen beträgt insgesamt weniger als 500 Mio. US-$, und der Anteil der dort tätigen Mitarbeiter an der Gesamtzahl der Beschäftigten liegt bei unter 2%. Viele Unternehmen beschränken sich somit auf kapital- und risikoarme *wait-and-see*-Investitionen, die nur eine geringe Einbindung in die Volkswirtschaft erfordern und relativ schnell und ohne größere Verluste wieder desinvestiert werden können.

Erfahrungsberichten ausländischer Unternehmen zufolge sind für diese äußerst enttäuschende Entwicklung neben der unsicheren politischen Entwicklung mehrere Gründe verantwortlich. Ein zentrales Investitionshemmnis stellt die als unzureichend empfundene Rechtssicherheit dar. Zwar wird die Investitionsgesetzgebung allgemein als liberal bezeichnet, die bisherige Praxis zeigt jedoch, daß sich viele der ausländischen Investoren eingeräumten Rechte de facto nicht oder nur schwer durchsetzen lassen.

In engem Zusammenhang damit steht das Problem, daß in Weißrußland im Gegensatz zu den anderen mittel- und osteuropäischen Staaten und teilweise auch zu Rußland bislang keine funktionierende Verwaltungs- und Zivilgesetzgebung existiert. Maßnahmen der nationalen und regionalen Behörden werden deshalb vielfach als stark interventionistisch, widersprüchlich und kaum planbar empfunden.

Das größte Hemmnis stellt die investitionsfeindliche Steuerpoli-

Ford – eine verspielte Chance

Ein anschauliches Beispiel für eine durch staatliches Taktieren vertane Chance stellt das Engagement des amerikanischen Automobilproduzenten Ford dar. Nachdem Präsident Lukašėnka das Unternehmen als Vorzeigeprojekt bezeichnet und ihm zahlreiche Steuervergünstigungen versprochen hatte, investierte Ford rund 20 Mio. US-$ in eine Fabrik zur Montage des Kleinwagens «Escort» und des Kleinbusses «Transit». Bereits die Inbetriebnahme verzögerte sich jedoch mehrfach, nachdem immer wieder neue bürokratische Schwierigkeiten aufgetreten waren. Auch die versprochenen Steuervergünstigungen wurden wiederholt in Frage gestellt. Nach mehreren verlustreichen Jahren entschloß sich das Unternehmen daraufhin im Frühjahr 2000, die Produktion einzustellen und in die Produktionsanlagen in die Nähe von St. Petersburg zu verlagern.

tik dar. Hohe Steuersätze, eingeschränkte Abschreibungsmöglichkeiten, häufige Gesetzesänderungen und ein ausgesprochen hoher Verwaltungsaufwand führen dazu, daß die mit einer Produktionsverlagerung nach Weißrußland angestrebten Kostenvorteile vielfach überkompensiert werden und sich das Land seiner komparativen Vorteile gegenüber seinen Nachbarn selbst beraubt.

Zu den wenigen erfolgreichen Kooperationsprojekten zählt das 1995 gegründete Joint Venture Zeiss-BelOMO. Am Stammkapital in Höhe von 2,75 Mio. US-$ sind das deutsche Unternehmen Carl Zeiss mit 60% und der ehemalige weißrussische Rüstungsproduzent BelOMO mit 40% beteiligt. Schwerpunkte der Fertigung sind optische und mechanische Einzelteile sowie Komponenten und Baugruppen, die an die deutsche Muttergesellschaft geliefert werden. Insgesamt sind in dem Unternehmen 320 Mitarbeiter beschäftigt.

Um die Zahl ausländischer Direktinvestitionen in den nächsten Jahren deutlich zu steigern, ist vor allem das Bewußtsein nötig, daß Weißrußland in Konkurrenz zu anderen mittel- und osteuropäischen Staaten steht. Erforderlich sind insbesondere kalkulierbare rechtliche und wirtschaftliche Rahmenbedingungen, die eine langfristige Planung ermöglichen.

In Zukunft sollen vor allem für den Energie- und Rohstoffbereich verstärkt ausländische Investoren gewonnen werden, um die Abhängigkeit von den sich verteuernden Importen aus Rußland

Auf dem Komaroŭski-Markt in Minsk. – Foto: Christoph Püschner

und den anderen GUS-Staaten zu verringern. Unter anderem plant die weißrussische Regierung die Vergabe von Konzessionen an ausländische Unternehmen zur Gewinnung und Verarbeitung von mineralischen Rohstoffen. Auch über die Zusammenarbeit bei der Erschließung, Förderung und Verarbeitung von Erdöl wurden bereits – bislang jedoch ohne Erfolg – Gespräche mit ausländischen Unternehmen und Regierungen geführt.

Besonders attraktive Bedingungen für ausländische Investoren will man in mehreren Sonderwirtschaftszonen schaffen. Neben Minsk, Homel' und Mahilëŭ bringt dabei die Grenzstadt Brest die besten Voraussetzungen mit. Die unmittelbar an die Stadt angrenzende rund 10 km^2 große Sonderwirtschaftszone bietet ausländischen Investoren liberalere Steuer-, Zoll-, Devisen- und Arbeitsbedingungen sowie eine vergleichsweise gut ausgebaute Infrastruktur.

Ob alle diese Bemühungen um ausländische Direktinvestitionen in Zukunft mehr Erfolg haben werden, wird vor allem von der politischen Entwicklung des Landes abhängen. Vieles deutet darauf hin, daß Weißrußland seine günstige Ausgangsposition durch eine zögerliche und in weiten Teilen undurchdachte Reformpolitik bereits weitgehend verspielt hat.

Hilfe aus dem Westen

Wie die anderen Nachfolgestaaten der UdSSR gelangte auch Weißrußland nach 1991 in den Genuß umfangreicher Hilfsmaßnahmen der westlichen Industrieländer. Im Rahmen des TACIS-Programms der Europäischen Union wurden zwischen 1991 und 1995 verschiede Projekte im Umfang von etwa 52 Mio. Euro gefördert. Schwerpunkte der Förderung waren der Aufbau von Privatisierungsinstitutionen, die Umstrukturierung und Modernisierung des Finanzsektors sowie der Aufbau von Ausbildungseinrichtungen für kleine und mittelständische Betriebe. Auch die Europäische Bank für Wiederaufbau und Entwicklung (EBWE) hat seit 1993 mehrere öffentliche Projekte finanziell unterstützt. Dazu zählen z. B. der Ausbau des Umschlagbahnhofs in Brest, die Modernisierung des Elektrizitäts- und Telekommunikationsnetzes sowie der Bau einer Autobahn zwischen Warschau und Moskau. Dem Minsker Autowerk BelAZ wurde ein Kredit in Höhe von 50 Mio. ECU gewährt.

Nach der Wahl Lukašėnkas und insbesondere nach dem vom Westen nicht anerkannten Verfassungsreferendum vom November 1996 wurden diese finanziellen Hilfsleistungen jedoch massiv reduziert oder sogar ganz abgelehnt. Der Internationale Währungsfonds, dessen Mitglied das Land seit Juli 1992 ist, hat alle Wünsche nach Beistandskrediten mit dem Verweis auf fehlende Reformschritte abgelehnt. Gleichzeitig hat die Europäische Union Weißrußland aus ihrem TACIS-Programm herausgenommen und nur noch einzelne Projekte zum Ausbau der Demokratisierung des Landes gefördert.

Auf nationaler Ebene kommt der Unterstützung durch die Bundesrepublik Deutschland die größte Bedeutung zu. Neben der Finanzierung von fünf Wohnkomplexen für aus der ehemaligen DDR heimkehrende Soldaten stehen dabei die Aus- und Weiterbildung von Fach- und Führungskräften aus Wirtschaft und Verwaltung, die Umstrukturierung von Großbetrieben sowie der Aufbau eines Beraternetzes für kleine und mittelständische Unternehmen im Vordergrund. Für 1995 standen dafür Beratungsmittel in Höhe von etwa 14 Mio. DM zur Verfügung. Koordiniert werden die zahlreichen Beratungs- und Kooperationsaktivitäten der Bundesregierung durch eine Außenstelle der Kreditanstalt für

Internationales Bildungs- und Begegnungszentrum Minsk.
Das Gebäude dieses gemeinnützigen deutsch-weißrussischen Joint Ventures wurde nach einem Bild des in den zwanziger Jahren in Vitebsk tätigen Malers Kazimir Malevič gestaltet. – Foto: IBB

Wiederaufbau in Minsk. Auch die Industrie- und Handelskammer Bonn hat im September 1995 eine Niederlassung in Minsk eröffnet, die zur Förderung der Kooperationsbeziehungen zwischen weißrussischen und deutschen Unternehmen beitragen soll und dazu unter anderem in regelmäßigen Abständen deutsch-weißrussische Wirtschaftstage durchführt.

Ähnlich wie die internationalen Finanzorganisationen hat auch Deutschland seine finanzielle Hilfe für Weißrußland nach 1996 massiv reduziert. Ursprünglich war sogar geplant, das Transform-Programm Ende 2001 ganz auslaufen zu lassen. Auf Initiative zahlreicher NGOs, die sich im Rahmen humanitärer Hilfsprogramme in Weißrußland engagieren, wurden für 2002 vom Entwicklungshilfeministerium jedoch wieder Finanzmittel zur Unterstützung entsprechender Projekte bereitgestellt.

Eines der bedeutendsten deutsch-weißrussischen Projekte ist das Internationale Bildungs- und Begegnungszentrum (IBB) in

Minsk, Träger sind das Internationale Bildungs- und Begegnungswerk e.V. in Dortmund, das Reiseunternehmen Sputnik, die Sberbank sowie die Stadt Minsk. Nach einem von Kazimir Malevič inspirierten konstruktivistischen Entwurf des Münsteraner Architekten Detlef-Richard Pierschke wurde die im Minsker Stadtteil Jugo-Zapad (Südwest) liegende Bildungsstätte mit rund 13 Mio. DM durch das Land Nordrhein-Westfalen, die Evangelische Kirche von Westfalen, die Volkswagen AG sowie zahlreiche private Spender finanziert. Deutsche und weißrussische Bauunternehmen errichteten die Anlage gemeinsam. Seit der Eröffnung im September 1994 finden in dem Tagungshaus mit 35 Zimmern und mehreren technisch gut ausgestatteten Veranstaltungsräumen regelmäßig Seminare und Begegnungsveranstaltungen zu politischen, wirtschaftlichen, gesellschaftlichen und ökologischen Fragestellungen statt. In dem inzwischen erweiterten Gebäude sind zahlreiche ausländische Firmenrepräsentanzen sowie die Mission der OSZE untergebracht. Zur Philosophie der Träger gehört es, eine qualifizierte interkulturelle Tagungsarbeit mit deutschen und weißrussischen Teilnehmern durchzuführen und Brücken zwischen Menschen aus Ost und West zu bauen, die über Jahrzehnte durch den Eisernen Vorhang getrennt waren. Symbolträchtiger Ausdruck dafür war nicht zuletzt die Grundsteinlegung, die unter Beteiligung von hochrangigen Vertretern der nordrhein-westfälischen Landesregierung und der weißrussischen Regierung am 21. Juni 1991 genau 50 Jahre nach dem Überfall der Deutschen Wehrmacht auf die ehemalige Sowjetunion stattfand.

Düstere Perspektiven

Insgesamt deuten alle Anzeichen darauf hin, daß die weißrussische Wirtschaft entgegen den offiziell verkündeten Wachstumsraten durch eine weiter sinkende internationale Wettbewerbsfähigkeit, zunehmende strukturelle Ungleichgewichte und die permanent drohende Zahlungsunfähigkeit gekennzeichnet ist, die bislang stets nur durch (versteckte) Transferzahlungen und *debt-to-equity-swaps*, d.h. die Umwandlung von Schulden in Eigenkapital, abgewendet werden konnte. Begleitet wird dieser wirtschaftliche Niedergang von zunehmenden Repressionen gegenüber der Bevölkerung, von Schuldzuweisungen an angeblich unfähige Minister, hochrangige Verwaltungsmitarbeiter und Betriebsdirektoren sowie von spektakulär inszenierten, selektiven Korruptionsbekämpfungskampagnen. Beispiele dafür sind die Verhaftungen der früheren Nationalbank-Präsidentin Tamara Vinnikoŭ im Januar 1997, des ehemaligen Landwirtschaftsministers Vasil' Leanoŭ im November 1997, des Geschäftsmanns Andrej Klimoŭ im Februar 1998 sowie von 30 hochrangigen Mitarbeitern staatlicher Behörden im März 1998.

Während diese rückwärtsgewandte Politik Lukašėnkas sowohl von internationalen Finanzorganisationen und Forschungsinstituten als auch von weißrussischen Privatunternehmern scharf kritisiert wird, findet die Wirtschaftspolitik des Präsidenten in der Bevölkerung weiterhin einen wenn auch leicht schwindenden Rückhalt. So äußerten z.B. bei einer im Dezember 1997 vom Unabhängigen Forschungsinstitut für sozio-ökonomische und politische Studien durchgeführten Umfrage 41,0% der Befragten die Auffassung, daß die Preise für alle Güter und Dienstleistungen staatlich festgelegt werden sollten. Weitere 38,7% befürworteten staatliche Preisfixierungen zumindest für ausgewählte Produkte. Die Mehrheit der Befragten (27,5%) wünscht sich sogar insgesamt eine Rückkehr zur alten sowjetischen Wirtschaftsordnung.

Angesichts der geringen Größe des Landes, der monopolistischen Industriestruktur, der starken ökonomischen Abhängigkeit von Rußland und der geographischen Lage des Landes dürfte ein tragfähiger wirtschaftlicher Aufschwung allerdings nur durch eine radikale außenwirtschaftliche Öffnung bewirkt werden können. Notwendig dazu wären vor allem der Abbau von Zollschranken und nicht-tarifären Handelshemmnissen, die Senkung der Steuersätze sowie die Aufhebung von Beschränkungen des Kapital- und Personenverkehrs. Zwar wird eine solche «Hongkong-Singapur-Variante» auch von einigen weißrussischen Ökonomen wie z.B. Leanid Zajka seit längerem gefordert, in der weißrussischen Regierung – aber auch unter führenden Oppositionspolitikern – sind gegenwärtig jedoch keinerlei Anzeichen dafür erkennbar, eine solche Option ernsthaft in Erwägung zu ziehen.

Es ist deshalb zu befürchten, daß der wirtschaftliche Niedergang des Landes weitergehen und angesichts der gegenwärtigen Strategie der weißrussischen Führung, die Industrieproduktion durch inflationstreibende staatliche Subventionen anzukurbeln, in den nächsten Jahren sogar an Schärfe gewinnen wird. Das sprichwörtliche Improvisationstalent der Weißrussen wird somit mehr denn je gefordert sein.

Leben nach dem GAU

Die Folgen der Tschernobyl-Katastrophe

Auf Jahrzehnte hinaus wird Weißrußland unter den Folgen der Reaktorkatastrophe leiden, die sich am 26. April 1986 in Tschernobyl ereignet hat. Durch das Abschalten der Turbine während eines wissenschaftlichen Experiments wurde der Dampfanteil im Reaktor erhöht und die Menge an Kühlwasser reduziert. Der Reaktor schaltete sich infolge des dadurch bewirkten Temperatur-

Nach dem Reaktorunfall von Tschernobyl freigesetzte Radionuklide

Radionuklid	*Vor dem Unglück im Reaktor befindlich (in Mrd. Bq)*	*In die Umwelt freigesetzt (in Mrd. Bq)*	*Halbwertzeit*
Krypton-85	33	33	11 Stunden
Xenon-33	1700	1700	5 Tage
Jod-131	1300	260	8 Tage
Tellur-132	320	48	3 Tage
Cäsium-137	290	70	30 Jahre
Cäsium-134	190	35	2 Jahre
Strontium-89	2000	80	50 Tage
Strontium-90	200	8	29 Jahre
Zirkonium-95	4400	132	64 Tage
Ruthenium-103	4100	123	39 Tage
Ruthenium-106	2100	63	1 Jahr
Barium-140	2900	174	13 Tage
Zerium-144	3200	96	284 Tage
Plutonium-238	0,1	0,03	88 Jahre
Plutonium-239	0,08	0,024	24390 Jahre
Plutonium-241	170	5,1	14 Jahre

Quelle: Weißenburger, S. 13–23.

Leukämiekrankes Kind in der Hämatologischen Kinderklinik in Minsk, die nach der Havarie von Tschernobyl eingerichtet werden mußte. – Foto: Detlev Steinberg

anstiegs jedoch nicht automatisch ab, sondern steigerte die Energieproduktion weiter, wodurch die Aluminiumhüllen der Steuerstäbe schmolzen. Da es bei dem in Tschernobyl verwendeten Reaktortyp weder einen druckfesten Sicherheitsbehälter noch eine massive Betonummantelung wie in westlichen Anlagen gibt, kam es daraufhin zu einer Explosion des Reaktorgebäudes, bei der etwa 10% der im Reaktor befindlichen Radionuklide freigesetzt wurden.

Zwar liegt der Atomreaktor 12 km jenseits der weißrussisch-ukrainischen Grenze, doch führte die an diesem Tag herrschende Windrichtung dazu, daß über 70% des radioaktiven Fallouts über Weißrußland niedergingen. Etwa ein Fünftel des gesamten Territoriums im Süden und Südosten des Landes wurden dadurch radioaktiv verseucht.

In den ersten Wochen nach der Reaktorkatastrophe stellte besonders das kurzlebige Isotop Jod-131 mit einer Halbwertzeit von 8 Tagen eine akute Gefahr dar, die zu zahlreichen Schilddrüsen-Erkrankungen vor allem bei Kindern geführt hat. Mittel- bis langfristig problematisch ist vor allem die hohe Strahlenbelastung mit Cäsium-137, das eine Halbwertzeit von 30 Jahren aufweist. Messungen im Jahre 1991 ergaben, daß 45 600 km^2, d.h. ca. 22% des Territoriums des Landes, eine Strahlenbelastung des Bodens von mindestens 1 Curie/km^2 Cäsium-137 aufweisen. Zum Zeitpunkt der Katastrophe lebten in diesem Gebiet etwa 2,1 Mio. Menschen. Ein Drittel dieser Fläche weist eine Kontaminierung von mehr als 5 Curie/km^2 Cäsium-137 auf. 60% der verstrahlten Flächen liegen im Bezirk Homel', einem Gebiet, das etwa so groß wie Hessen und Rheinland-Pfalz zusammen ist. Stark radioaktiv belastet ist auch das Gebiet von Mahilëŭ. Darüber hinaus wird das Land langfristig insbesondere durch Strontium-90, Plutonium-239 und Plutonium-241 bzw. sein Zerfallsprodukt Amerizium-241 radioaktiv belastet.

Die radioaktive Verseuchung hat zu schwerwiegenden gesundheitlichen Folgen für die Bevölkerung geführt. So traten zwischen 1987 und 1991 siebenmal mehr, im Gebiet Homel' sogar zweiundzwanzigmal mehr Fälle von Schilddrüsenkrebs bei Kindern auf als in den letzten fünf Jahren vor der Katastrophe. Steigende Tendenz weisen in den Gebieten Homel' und Mahilëŭ auch Hals-Nasen-Ohren-Krankheiten, Herz- und Gefäßkrankheiten, Krankheiten des Verdauungssystems und Anämie bei Kindern auf. Sowohl bei Kindern wie bei Erwachsenen zeigen sich in den verstrahlten Regionen häufige Störungen des Immunsystems. Da zudem die Zahl der mißgebildeten Kinder stark zugenommen hat, haben viele junge Paare Angst, Kinder zu bekommen. Die Zahl der Abtreibungen ist deshalb dramatisch gestiegen und hat sogar die Geburtenrate unter die Sterberate fallen lassen. Obwohl offizielle Stellen vielfach den unmittelbaren Zusammenhang zwischen diesen Erkrankungen und der Reaktorkatastrophe leugnen, ist er nach Auffassung unabhängiger Experten offensichtlich.

Auch die volkswirtschaftlichen und innenpolitischen Folgen der Reaktorkatastrophe sind enorm. Im Jahre 1992 waren über 1,4 Mio. ha der nach wie vor landwirtschaftlich genutzten Fläche (dies entspricht ca. 15 % der gesamten landwirtschaftlichen Nutzfläche) radioaktiv belastet, davon fast 500000 ha mit mindestens 5 Curie/km^2. Lediglich auf einer Fläche von 270000 ha ist wegen der Verstrahlung die landwirtschaftliche Nutzung eingestellt worden. Nach deutschen Grenzwerten wäre dagegen eine landwirtschaftliche Nutzung auf mindestens 20% der Fläche des Landes unzulässig.

Zwischen 1986 und 1993 wurden lediglich 126000 Personen aus den am stärksten kontaminierten Gebieten umgesiedelt. Etwa zwei Millionen Menschen leben dagegen aufgrund des großen Mangels an Wohnungen immer noch in Gebieten, in denen z.B. die Belastung des Grundwassers bis zum Zehnfachen des Grenzwertes beträgt. Zwar gibt es ein Programm zur Umsiedlung dieser Menschen, dies ist jedoch völlig unzureichend und wird nur zu einem geringen Teil erfüllt. Zudem wird es permanent revidiert und dabei weniger den ökologischen und medizinischen Notwendigkeiten angepaßt als vielmehr den finanzpolitischen Zielen der Regierung untergeordnet. Die Folgen der radioaktiven Verseuchung werden von offizieller Seite generell verharmlost und nicht selten als Strahlenpsychose abgetan, an der nicht zuletzt die Medien Schuld seien.

In der Bevölkerung haben diese weitgehende Untätigkeit und die gezielte Desinformationspolitik tiefes Mißtrauen gegenüber der Regierung hinterlassen. Zu offensichtlich scheint es dieser weniger um die Fürsorge für die Gesundheit der Menschen als vielmehr um die Angst vor einer innenpolitischen Destabilisierung zu

Noch immer ist das Leben von Millionen von Weißrussen betroffen

«16 Jahre sind seit der Katastrophe in Tschernobyl vergangen, die als der größte Nuklear-Unfall in der Geschichte gilt, und noch immer ist das Leben von Millionen von Weißrussen davon betroffen. Es ist Weißrußland und nicht die Ukraine, wo der meiste nukleare Niederschlag zu verzeichnen war und das die größte Last der Bewältigung dieser Katastrophe trägt ... Vinčuk Viačarka, der Vorsitzende der Weißrussischen Volksfront, gibt an, daß weiterhin fast 140000 Weißrussen auf Gebieten leben, die mit mehr als 15 Curie/km^2 radioaktiv belastet sind. In Europa beträgt die durchschnittliche Belastung weniger als 1 Curie. Die Folge davon ist eine humanitäre Krise, die noch dadurch verschärft wird, daß sich Weißrußland immer stärker vom Westen isoliert und deshalb kaum internationale Hilfe erhält. In Weißrußland sind vielfach Stimmen zu hören, daß der Westen mit Blick auf das undemokratische Regime dem Land seine Unterstützung verwehrt, doch nach Ansicht von Viačarka ist es die Regierung selbst, die ausländische Hilfe verhindert. So habe Präsident Lukašënka die Registrierung aller humanitären Organisationen angeordnet, die in Weißrußland tätig sind. Seit dem Referendum im Jahre 1996 haben die Behörden zudem die Kontrolle der stark kontaminierten Gebiete gelockert. Es wird Menschen nicht mehr verboten, sich in radioaktiv-versuchten Gebieten anzusiedeln, und in einigen Gebieten fördert der Staat sogar die Landwirtschaft...
Nach Auffassung von Stanislaŭ Šuškevič ... stellen die neuen Siedler in den kontaminierten Gebieten, die zumeist aus dem nördlichen Kaukasus oder aus Zentralasien kommen, ein ernsthaftes Problem dar. ‹Viele Menschen aus den Problemregionen der früheren UdSSR wollen sich und ihre Kinder nicht länger der Todesgefahr aussetzen. Sie ziehen es vor, in radioaktiv-belasteten Gebieten zu leben, als durch Banditen oder den sogenannten Prozeß zur Herstellung der verfassungsmäßigen Ordnung in ihrer Heimat zu sterben.› Während Slavamir Antanavič, der Vorsitzende des Staatskomitees für Tschernobyl-Fragen, den Westen beschuldigt, seine humanitäre Hilfe in den letzten Jahren stark reduziert zu haben, kommt Šuškevič zu einer anderen Schlußfolgerung: ‹Weißrußland erhält deshalb nicht mehr ausländische Hilfe, da es als undemokratischer Staat verurteilt wird, die Menschenrechte zu verletzen.›»

Aus: Radio Free Europe/Radio Liberty, 15.4.2002

gehen. Nachdem das Ausmaß der radioaktiven Verseuchung drei Jahre lang amtlich geleugnet worden war, wurde erst 1992 eine Karte veröffentlicht, die über die radioaktive Verstrahlung des Landes detailliert Auskunft gibt. Bezeichnend ist auch, daß der private Besitz von Dosimetern über mehr als zwei Jahre strafrechtlich verboten und damit der Bevölkerung die Möglichkeit der individuellen Kontrolle von Lebensmitteln nahezu vollständig genommen war.

Es überrascht deshalb nicht, daß sich in Umfragen immer noch über 80% der Bevölkerung als von den Folgen der Tschernobyl-Katastrophe direkt betroffen bezeichnen und nahezu 60% angeben, mit den staatlichen Maßnahmen unzufrieden zu sein. Umso unverständlicher erscheint es vielen Weißrussen, daß es lange ernsthafte Überlegungen gab, die gewaltigen Energieprobleme des Landes ausgerechnet durch den Bau mehrerer Kernkraftwerke zu lösen.

Sonstige ökologische Belastungen

Mit Blick auf die verheerenden Folgen der Tschernobyl-Katastrophe geraten die anderen ökologischen Probleme Weißrußlands häufig in den Hintergrund. Zwar fallen die Grenzwertüberschreitungen bei der Schadstoffbelastung geringer aus als in vielen Industriezentren Rußlands und der Ukraine, die Belastung von Luft, Wasser und Boden ist aber auch hier vielfach besorgniserregend.

Die an den Empfehlungen der Weltgesundheitsorganisation orientierten Grenzwerte werden teilweise um ein vielfaches überschritten. So war die Spitzenbelastung der Luft mit Kohlendioxid im Jahre 1992 in Mahilëŭ achtzehnmal höher als der zulässige Grenzwert. Bei Schwefelwasserstoff wurde der Grenzwert in Navapolacak zeitweise um das fünfzigfache überschritten, bei Formaldehyd war die höchste Konzentration in mehreren Städten zehn- bis fünfundzwanzigmal höher als zulässig. Insgesamt wurden 180 Fälle registriert, in denen die tatsächliche Luftbelastung bei mindestens einem Schadstoff das fünf- und mehrfache des zulässigen Grenzwertes ausmachte.

Im Gegensatz zu Rußland und der Ukraine gibt es keine ausgesprochenen Schwerpunkte der Luftverschmutzung. Stark umweltbelastende Industriezweige wie die Eisen- und Stahlindustrie oder die Metallurgie spielen nur eine unbedeutende Rolle, so daß industrielle Großemittenten fehlen. Den größten Anteil an der Luftverschmutzung durch die Industrie haben die Kraftwerke, die für jeweils zwei Drittel der Schwefeldioxid- und Kohlendioxid-Emissionen verantwortlich sind. Die Regionen mit der höchsten Schadstoffemission sind das Gebiet von Vitebsk sowie die Städte Navalukoml, Navapolacak und die Hauptstadt Minsk.

Da nahezu 90% der reinigungsbedürftigen Abwässer geklärt werden, ist die Wasserqualität der größeren Flüsse und Seen im Vergleich zu den anderen Nachfolgestaaten der Sowjetunion ungewöhnlich gut. Wie im Bereich der Luftverschmutzung gibt es aber auch hier regionale Unterschiede. Die höchste Schadstoffbelastung weist der zum Einzugsgebiet des Dnjapro gehörende Fluß Svislač im Einleitungsbereich der kommunalen Abwässer von Minsk auf. Die Grenzwerte für die Konzentration von Ammoniakstickstoff, Nitratstickstoff, Kupferverbindungen, Zink, Mangan und organischen Schadstoffen im Wasser werden hier teilweise um das zehn- und mehrfache überschritten. Lokale Verschmutzungsschwerpunkte vor allem mit Erdölprodukten sind auch die westliche Dzvina bei Vitebsk und der westliche Bug in der Region von Brest. Die Lagerung von Industrieabfällen und Klärschlamm auf ungesicherten Deponien hat in den Gebieten Navapolacak, Svetlahorsk, Homel', Hrodna und Salihorsk darüber hinaus teilweise zu einer gravierenden Kontaminierung des Grundwassers geführt.

Staatliche Umwelt- und Energiepolitik

Angesichts der wirtschaftlichen Probleme des Landes überrascht es nicht, daß man für den Umweltschutz gegenwärtig kaum Mittel aufwendet. Gegenwärtig liegt der Anteil der Umweltinvestitionen an den gesamten Investitionen bei lediglich 2%.

Im November 1992 hat das weißrussische Parlament zwar ein Gesetz über den Umweltschutz verabschiedet, das unter anderem die Einführung ökologischer Steuern vorsieht, ohne dadurch jedoch tatsächlich eine spürbare Verbesserung der ökologischen Situation erreicht zu haben. Es fehlen nicht nur zuverlässige Meßgeräte, die eine effiziente Emissionskontrolle gewährleisten könnten. Auch durch die hohe Inflationsrate und die fortgesetzte Subventionierung unrentabler Unternehmen wird die Wirksamkeit der Ökologiesteuern beträchtlich eingeschränkt, da diese den Unternehmen kaum einen wirksamen Anreiz zur Verbesserung des Umweltschutzes bieten. Für die Zukunft ist deshalb eher mit einer Zunahme ökologischer Belastungen zu rechnen.

Vor allem aber ist die staatliche Umweltpolitik mit der Bewältigung der Folgelasten von Tschernobyl völlig überfordert. Nach Schätzungen von Experten müßte dazu der gesamte Staatshaushalt der nächsten fünfzig Jahre aufgewendet werden. Tatsächlich werden jedoch lediglich etwa 10% des jährlichen Staatshaushalts bereitgestellt. Die Maßnahmen zum Schutz der Bevölkerung sind deshalb nur sehr unzureichend.

Ein weiteres Problem ist die umweltschonende Bereitstellung von Energie. Da Weißrußland über zahlreiche energieintensive Industriezweige, aber kaum über eigene Energieressourcen verfügt, können derzeit lediglich 10% des Energiebedarfs aus eigenen Quellen gedeckt werden. Das Land ist deshalb in hohem Maße auf den Import von Erdöl und Erdgas aus Rußland angewiesen. Weitere 25% des Energiebedarfs werden durch Stromimporte aus den Kernkraftwerken von Ignalina, das sich nur 4 km hinter der weißrussisch-litauischen Grenze befindet, und Smolensk, 80 km jenseits der weißrussisch-russischen Grenze, gedeckt.

Die Preise für Energieträger sind nach dem Zusammenbruch der Sowjetunion jedoch drastisch angestiegen. Machten die Kosten für Energieimporte 1990 lediglich 1,7% des Bruttoinlandsproduktes aus, so lag dieser Wert 1993 bereits bei 25%. Viele Produkte der exportorientierten weißrussischen Industrie sind deshalb nicht einmal mehr in Rußland konkurrenzfähig, da die Energiekosten dort aufgrund staatlicher Subventionen um ein Vielfaches niedriger sind. Außerdem kann Rußland buchstäblich den Hahn für die Erdgaslieferungen zudrehen, was es wegen der hohen Zahlungsrückstände Weißrußlands auch bereits mehrfach für einige Tage praktiziert hat. Die weltweit geforderte Stillegung der sog. RBMK-Reaktoren (graphitmoderierte wassergekühlte Reaktoren) in Tschernobyl, Ignalina und Smolensk würde diese Abhängigkeit noch weiter erhöhen.

Bereits seit Ende der achtziger Jahre wurden deshalb Pläne entwickelt, mehrere eigene Kernkraftwerke mit westlicher Technologie zu errichten. Neuen Auftrieb erhielten diese Pläne nach einem Besuch des damaligen Parlamentspräsidenten Šuškevič in Frankreich im Sommer 1992. Neben der Diversifizierung des Energiesektors würde die Errichtung vermeintlich sicherer Kernkraftwerke nach Auffassung der Anhänger dieses Planes auch zur Reduzierung der hohen Luftbelastung durch die bestehenden herkömmlichen Kraftwerke beitragen. Dabei wurde auch der eher makabre Vorschlag gemacht, als Standort die durch die Tschernobyl-Katastrophe verseuchten Gebiete zu wählen, da dort im Falle des Austritts von Radioaktivität kein zusätzlicher Schaden mehr angerichtet werden könne.

Von den Kritikern der Atomenergie, die ihre Befürchtungen immer wieder auf Konferenzen äußern, wird dagegen darauf verwiesen, daß Weißrußland über zahlreiche Möglichkeiten zur Nutzung alternativer Energiequellen verfügt. Dazu zählen z. B. Windkraftanlagen, Biogasreaktoren, Miniwasserwerke auf kleinen Flüssen sowie Solaranlagen, auf die bislang erst 0,8 % der gesamten Energieproduktion des Landes entfällt. In vielen Ländern Westeuropas liegt dieser Anteil dagegen bereits bei 15–20 %, und auch hier sind die Möglichkeiten längst nicht ausgeschöpft.

Das weißrussische Institut Agroenergo schätzt, daß bis zum Jahre 2010 ein Potential von 13 Mio. Kilowattstunden durch die Nutzung alternativer Energiequellen erschlossen werden könnte. Der gleiche Zeitraum müßte für den Bau eines auf 2 Mio. Kilowattstunden (das entspricht ca. 8 % des gegenwärtigen jährlichen Stromverbrauchs) ausgelegten Atomreaktors veranschlagt werden. Neben der Vermeidung weiterer Reaktorunfälle bieten alternative Energiequellen den Vorteil einer mehrgleisigen und kontinuierlichen Entwicklung einzelner kleiner Projekte. Dies verspricht schnellere Erfolge und langfristig eine größere Unabhängigkeit als ein einzelnes Großprojekt.

Darüber hinaus gibt es auch in Weißrußland ein beträchtliches Energiesparpotential. Vergleiche mit westeuropäischen Staaten zeigen, daß in der weißrussischen Industrie bis zu 60 % mehr Energie pro Produktionseinheit verbraucht wird. Die Effektivität des Energieeinsatzes in der Landwirtschaft ist anderthalb bis zweimal geringer als der westeuropäische Durchschnitt und der Wärmeverbrauch zum Heizen von Wohnungen und öffentlichen Gebäuden um 40–80 % höher.

Insgesamt ist zu erwarten, daß die Entscheidung über die zukünftige Energiepolitik des Landes weniger nach ökologischen als nach politischen und ökonomischen Kriterien erfolgen wird. Vorerst empfahl eine Regierungskommission im Dezember 1998 einstimmig, für die nächsten zehn Jahre auf den Bau eines eigenen Kernkraftwerkes zu verzichten.

Private Initiativen – wirksam, aber unerwünscht

Die verbreitete Unzufriedenheit mit den staatlichen Maßnahmen zur Bewältigung der Tschernobyl-Katastrophe hat bereits Ende der achtziger Jahre zahlreiche private Initiativen entstehen lassen. Die größte und bedeutendste ist die Stiftung «Den Kindern von Tschernobyl», deren Vorsitzender Hennadzi Hruševoj, Dozent für Philosophiegeschichte ist, und früher als oppositioneller Abgeordneter im Obersten Sowjet saß. In dieser Stiftung sind mehr als 3000 Mitarbeiter ehrenamtlich tätig, nicht nur in der Zentrale in Minsk, sondern auch in vielen kleinen Initiativgruppen in den verseuchten Gebieten. In erster Linie organisieren sie Erholungsaufenthalte strahlengeschädigter Kinder im westlichen Ausland. Allein in den ersten fünf Jahren konnten in Zusammenarbeit mit westlichen Partnerorganisationen mehr als 60000 Kinder für vier bis sechs Wochen nach Deutschland, Österreich und in andere Länder geschickt werden. Daneben betreut die Stiftung einen Kindergarten für Kinder mit Cerebralparese, eine Kolchose mit ökologischem Landbau und ein Mutter-Kind-Programm.

Eine andere bedeutende Initiative ist das Erholungs- und Bildungszentrum «Nadežda», das der Frankfurter Verein «Leben nach Tschernobyl» gemeinsam mit der «Männerarbeit der Evangelischen Kirche», einer weißrussischen Partnerinitiative und dem Staatsministerium für Tschernobyl-Angelegenheiten ins Leben gerufen hat. Seit 1994 hielten sich in dem etwa 70 km nordwestlich von Minsk gelegenen Zentrum fast 10000 Kinder aus stark verstrahlten Gebieten zu mehrwöchigen Erholungsaufenthalten auf. Im Jahre 1988 wurde dem Verein dafür der mit 100000 DM dotierte «Förderpreis Humanitäre Hilfe für das östliche Mitteleuropa und Osteuropa» der Robert-Bosch-Stiftung verliehen.

Der politischen Führung des Landes sind viele dieser Initiativen ein Dorn im Auge, da sie zeigen, mit welcher Ineffektivität das Land bisher regiert worden ist. Da sie darüber hinaus häufig bedeutende Summen von Spendern aus dem Ausland sammeln, wird ihnen in regelmäßigen Abständen die Veruntreuung von Spendengeldern vorgeworfen. In den meisten Fällen erweisen sich diese Vorwürfe als haltlos, die ständigen Verleumdungen und Angriffe blockieren jedoch die Realisierung guter Ideen und fordern Kraft, die viel effektiver eingesetzt werden könnte.

Private Initiativen werden außerdem häufig durch das speziell dafür eingerichtete Staatskomitee für humanitäre Angelegenheiten gegängelt sowie durch eine restriktive Steuerpolitik behindert, nach der im Gegensatz zur internationalen Praxis auch gemeinnützige Spenden steuerlich nicht abzugsfähig sind. Das heißt, die Initiativen müssen aus den Spenden, die sie aus der ganzen Welt erhalten, noch Gewinnsteuern an einen bei der Beseitigung der Tschernobyl-Folgen weitgehend unfähigen Staat abführen.

Gerade in diesem Bereich der humanitären Hilfe ist deshalb die Zusammenarbeit mit Initiativen aus der Bundesrepublik Deutschland und anderen Ländern außerordentlich wichtig. Es gibt bereits vielfältige Gemeinschaftsprojekte bei der Produktion von Kindernahrung, der Errichtung von Dörfern für die Umsiedlung von Menschen aus stark belasteten Gebieten oder bei der Ausstattung von Krankenhäusern und Ausbildung des medizinischen Personals. Westliche Hilfen sind darüber hinaus bei der Dekontaminierung verstrahlter Flächen, der Ausstattung mit zuverlässigen Strahlenmeßgeräten und der Kontrolle der Strahlenbelastung von Nahrungsmitteln dringend erforderlich. Nicht zuletzt sollte aber die weißrussische Führung durch ausländischen Druck dazu veranlaßt werden, ihre Maßnahmen zur Betreuung der Tschernobyl-Geschädigten auszuweiten und die Arbeit privater Initiativen nicht länger zu behindern.

Marc Chagall: Der Geiger, 1911–1914, Öl auf Leinwand, Düsseldorf, Kunstsammlung Nordrhein-Westfalen

SPRACHE UND KULTUR

Einige Besonderheiten des Weißrussischen

Die weißrussische Sprache gehört wie das Ukrainische und das Russische zu den ostslawischen Sprachen, wobei die frühesten ostslawischen Stämme wohl die Dregovičen, Radmičen und Krivičen waren, die im 1. Jahrhundert auf dem Gebiet des heutigen Weißrußland lebten. Die charakteristischen Strukturen der ostslawischen Sprachen haben sich etwa seit dem 14. Jahrhundert herausgebildet. Texte mit für die weißrussische Sprache typischen Merkmalen sind sogar schon früher nachweisbar.

Von besonderer Bedeutung für die Entwicklung der weißrussischen Sprache war die im Jahre 1918 erschienene Grammatik von Branislaŭ Taraškevič, die die Grundlage für eine einheitliche Schriftsprache der etwa 20 verschiedenen weißrussischen Dialekte bildete. Zugleich wurde die bis dahin neben der kyrillischen Schrift gebräuchliche lateinische Schrift abgeschafft und das kyrillische Alphabet durch Buchstaben für spezifisch weißrussische Laute ergänzt.

Im Vergleich zum Russischen zeichnet sich die weißrussische Sprache vor allem durch das sogenannte starke Akanje und Jakanje (weißruss. *(j)akannja*) aus: Historisch unbetontes *o* oder *e* wird als *a* beziehungsweise *ja* nicht nur gesprochen, sondern auch geschrieben. So heißt es auf Weißrussisch *halavá* ‹Kopf› gegenüber russisch *golová* oder *sjaló* ‹Dorf› statt *seló*. Diese Besonderheit hat die weißrussische Sprache mit der südrussischen Mundart gemein.

Das betonte *o* wird in manchen Gegenden Weißrußlands in ein *uo* oder *ou* abgewandelt. So entspricht z. B. dem russischen *dom* ‹Haus› das weißrussische *duom*. Im An- und Inlaut wird betontem *o* und *u* (manchmal auch *a*) zudem ein prothetisches *v*- oder *h*- vorangestellt, z. B. *vóstry* ‹scharf› versus russisch *óstry* oder *vúlica* vs. *úlica* ‹Straße›.

Eine andere Eigenart der weißrussischen Sprache ist, daß *v* und *l* in der Mitte des Wortes vor einem Konsonanten und am Ende des Wortes ähnlich wie im Ukrainischen in ein kurz gesprochenes *u* abgewandelt werden. So heißt es z. B. *voŭk* ‹Wolf› vs. *volk* oder *Bykaŭ* vs. *Bykov*. Dieses *w*-artige *u* wird als *ў* (in lateinischer Umschrift *ŭ*) geschrieben, der einzige eigene Buchstabe der weißrussischen Kyrillica.

Weitere Besonderheiten: Ein weiches *d* bzw. *t* wird vor Vokalen und am Ende des Wortes wie *dz* bzw. *c* ausgesprochen und geschrieben (*dzekannja* bzw. *cekannja*). So heißt es z. B. *dzed* ‹Großvater› vs. russisch *ded, cicha* ‹still› vs. *ticho* oder *sjadzec'* ‹sitzen› vs. *sidet'*. Das weißrussische *r* wird immer hart ausgesprochen, ihm folgen keine weichen Vokale. Statt dem russischen *g* wird – wie in der südrussischen Mundart und im Ukrainischen – ein *h*-Laut gesprochen, ähnlich dem neugriechischen *γ*. Die weichen Konsonanten vor weichen Vokalen werden verdoppelt. Das *s* wird vor nachfolgenden Konsonanten stets weich ausgesprochen, aber seit der Reform 1933 nicht mehr als solches geschrieben. Im Vergleich zum Russischen klingt die weißrussische Sprache für manche Ohren insgesamt relativ breit und weich, sie hat aber weniger Zischlaute als etwa das Polnische.

Deklination und Konjugation entsprechen zu großen Teilen dem russischen System, doch hat die weißrussische Sprache einige Besonderheiten vor allem bei den Endungen herausgebildet. Deutliche Unterschiede gibt es allerdings im Wortschatz, der zahlreiche ukrainische Entlehnungen enthält sowie vor allem polnische Elemente – dies häufig in Gemeinsamkeit mit dem Ukrainischen und im Unterschied zum Russischen, z. B. *ljuty*, der ‹grimmige› Monat gegenüber *fevral'* ‹Februar›.

Wiederbelebung der weißrussischen Sprache als Teil der nationalen Selbstfindung

Das schwach ausgeprägte Nationalbewußtsein der Weißrussen, die in der Vergangenheit fast immer Teil der Geschichte anderer großer Reiche gewesen sind, hat dazu geführt, daß auch die weißrussische Sprache nur eine geringe Verbreitung gefunden hat. Zwar diente sie bis zum Jahre 1697 noch als Kanzleisprache des Großfürstentums Litauen, verlor dann aber seit Einführung des Polnischen nach und nach an Bedeutung. Im Jahre 1867, unter der Zarenherrschaft, wurde ein Druckverbot für weißrussische Schriften erlassen und Russisch zur offiziellen Staats- und Schulsprache erklärt. Im Geist einer großrussischen Ideologie wurde Weißrussisch von russischen Sprachwissenschaftlern – wie später von sowjetischen – nicht als eigenständige Sprache, sondern als Dialekt des Russischen angesehen. Die Revolutionen von 1905 und 1917 brachten zwar eine gewisse Toleranz, durch die gezielte Stalinsche Russifizierungspolitik hat das Weißrussische seit den dreißiger Jahren jedoch viele orthographische, lexikalische und grammatikalische Normen eingebüßt und sich zunehmend dem Russischen angenähert.

Bis zum Ende der achtziger Jahre nahm die russische Sprache somit in allen Bereichen der Öffentlichkeit, in Politik, Verwaltung und Technik eine uneingeschränkte Position ein. Die weißrussische Sprache war dagegen aus dem gesellschaftlichen und kulturellen Leben des Landes nahezu verdrängt, wenn sie auch in der Familie, im Alltagsleben, in der Volksschule und in Dörfern und Kleinstädten noch eine gewisse Bedeutung hatte. Einer 1992 durchgeführten soziologischen Studie zufolge spricht etwa ein Drittel der Bevölkerung im Alltag Russisch und Weißrussisch, ist also aktiv und passiv zweisprachig. Lediglich 2,4 % der Bevölkerung sprechen im Alltag ausschließlich Weißrussisch, 56,6 % dagegen Russisch.

Die weitgehend übereinstimmenden Strukturen und zahlreichen gemeinsamen Merkmale haben zudem eine mangelnde Unterscheidung und Abgrenzung zwischen der weißrussischen und der russischen Sprache verursacht. Viele Weißrussen sprechen weder die eine noch die andere Sprache perfekt, machen in beiden Sprachen Fehler beim Wortakzent, verwechseln oder vermischen Wörter, Wortverbindungen und Phraseologismen oder gebrauchen fehlerhafte Flexionsendungen. Vielfach hat sich eine weißrussisch-russische Mischsprache herausgebildet, die von den Anhängern der Wiedergeburt verächtlich als *trasjanka* (wörtlich: «gemischtes Viehfutter») bezeichnet wird. Zu beobachten ist diese Sprachvermischung häufig auch im weißrussischen Fernsehen oder bei Gesprächen und Diskussionen, wenn jemand eine Frage auf Weißrussisch stellt und ihm sein Gesprächspartner auf Russisch oder in einer Mischung beider Sprachen antwortet.

Vor allem auf Druck der Weißrussischen Volksfront wurden seit Beginn des nationalen Selbstfindungsprozesses deshalb zahlreiche Schritte unternommen, um dem Weißrussischen wieder zu mehr Geltung zu verhelfen. Das Sprachgesetz vom 26. Januar 1990 garantiert die freie Entwicklung der weißrussischen Sprache in allen

Bereichen des gesellschaftlichen Lebens und beschließt deren Einführung als Staatssprache. Russisch sollte dagegen nur noch zur zwischenstaatlichen Verständigung Gebrauch finden.

Die Volksfront strebte darüber hinaus eine grundlegende Sprachreform an: die Entfernung von Russismen aus dem schriftsprachlichen Wortschatz und dessen Ergänzung durch lexikalische Einheiten aus weißrussischen Dialekten, altweißrussischem Schrifttum und der Sprache der weißrussischen Emigranten in Westeuropa und Amerika, sowie eine Orthographiereform. Man diskutierte darüber, die 1933 von der sowjetischen Zentralregierung aufgezwungene Reform, die zu einer Annäherung an die russische Orthographie geführt hatte, aufzuheben und wieder die von Branislaŭ Taraškevič entwickelte Orthographie einzuführen. Auch bei der Bezeichnung von Städten, Dörfern, Straßen, Plätzen, Institutionen und Betrieben sollten die Umbenennungen der Sowjetzeit rückgängig gemacht und die historischen Bezeichnungen wieder eingeführt werden. Mit demselben Ziel wurde im Juni 1989 die nach dem weißrussischen Humanisten, Bibelübersetzer und erstem Buchdrucker der Ostslawen benannte Skaryna-Gesellschaft gegründet.

Seit dem Amtsantritt von Präsident Lukašėnka wurde jedoch eine erneute Wende in der Sprachenpolitik vollzogen. Ausdruck dafür ist das Ergebnis des gleichzeitig mit dem ersten Wahlgang der Parlamentswahlen am 14. Mai 1995 durchgeführten Referendums, bei dem sich 83% der Teilnehmer für die Wiedereinführung des Russischen als zweite Staats- und Amtssprache ausgesprochen haben. Verankert wurde dieser Status in der neuen Verfassung von 1996. De facto führte dies zur Verdrängung der weißrussischen Sprache aus fast allen Bereichen des gesellschaftlichen, ökonomischen, schulischen und literarischen Lebens. Die Gründe dafür sind nicht nur im geringen Kenntnisstand der weißrussischen Sprache und den zahlreichen finanziellen, organisatorischen und sozialen Problemen zu suchen, die mit ihrer Einführung als Staatssprache verbunden sind. Das Ergebnis muß auch als eindeutiges Votum für eine politische und wirtschaftliche Rückorientierung nach Rußland gewertet werden.

Francišak Skaryna

Francišak Skaryna ist als Repräsentant des «Goldenen Zeitalters» zweifellos die bekannteste und für die nationale Selbstfindung bedeutsamste Figur der weißrussischen Kulturgeschichte. Geboren wurde er um 1490 in Polacak, einer der ältesten Städte des heutigen Weißrußland. Der Sohn eines Kaufmanns studierte an der Universität von Krakau (Kraków) Philosophie und in Padua Medizin, wo er im Jahre 1512 den Doktorgrad erwarb. Im berühmten «Saal der vierzig» hängt dort noch sein Portrait, nur zwei Plätze neben dem von Galileo Galilei, der dort später ebenfalls für kurze Zeit tätig war.

Nach dem Studium ließ sich Skaryna in Prag nieder, wo er die Bücher der Heiligen Schrift in die weißrussische Volkssprache übersetzte. Zwischen 1517 und 1519 gab er zahlreiche Bücher des Alten und Neuen Testaments heraus, wobei er wohl der erste Verleger aus dem ostslawischen Raum war, der die von Gutenberg entwickelte Buchdrucktechnik benutzte. 1520 verlegte er seine Druckerei nach Wilna (Vilnius). Dort folgten weitere bedeutende Drucke eigener Übersetzungen alt- und neutestamentlicher Bücher, die alle mit Vignetten und Illustrationen reich verziert waren.

In den Vorworten, die er allen seinen Büchern voranstellte, betonte Skaryna ganz im Sinne Martin Luthers, den er um 1530 in Wittenberg kennengelernt und dessen Schriften er in Königsberg herausgegeben hatte, stets die Bedeutung der biblischen Schriften als Quelle rationaler Erkenntnis. Seine Bibelübersetzung hat deshalb nicht nur die Entwicklung der weißrussischen Schriftsprache maßgeblich beeinflußt, sondern auch wesentlich zur Säkularisierung des geistigen Lebens im Großfürstentum Litauen beigetragen. Darüber hinaus gibt es zahlreiche Hinweise dafür, daß Skaryna auch an der Ausarbeitung des ersten Litauischen Statuts von 1529 beteiligt war.

Über die letzten Jahre seines Lebens ist nur wenig bekannt. Sicher ist, daß er durch seine Schriften und Äußerungen zunehmend in das Spannungsfeld zwischen der Katholischen Kirche in Wilna und der Orthodoxen Kirche in Moskau geriet. 1532 wurde er deshalb in Posen (poln. Poznań) verhaftet und für mehr als zwei Monate im Stadtgefängnis gefangen gehalten. Erst durch ein persönliches Schreiben von König Sigismund I. kam er frei und kehrte kurze Zeit darauf nach Prag zurück, wo er als Gartenbaumeister des böhmischen Königs Ferdinand tätig war und wahrscheinlich um 1550 starb.

Heute ist nicht nur die schon erwähnte Skaryna-Gesellschaft, sondern auch die Minsker Hauptstraße – der frühere Lenin-Prospekt – nach seinem Namen benannt. Zahlreichen seiner Drucke sowie einer Nachbildung seiner ersten Druckerei ist im staatlichen Museum für die Geschichte Weißrußlands in Minsk zudem eine eigene Abteilung gewidmet.

Klassiker der weißrussischen Literatur

Nach einer kurzen Blütezeit im Zeitalter der Renaissance hat die weißrussische Literatur während der polnischen und russischen Vorherrschaft weitgehend an Bedeutung verloren. Erst das zögerliches Erwachen des weißrussischen Nationalbewußtseins und die Bemühungen von Kastus Kalinoŭski (1838–1864), die Bevölkerung gegen das Zarenregime zu mobilisieren, haben sich auch wieder in einer stärkeren literarischen Tätigkeit niedergeschlagen. Das wichtigste, wenn auch nur sehr kurzlebige Organ für die Revolutionsliteratur der sechziger Jahre des vorigen Jahrhunderts war dabei die von Kalinoŭski zwischen Juni 1862 und Mai 1863 herausgegebene Zeitung *Mužyckaja praŭda* (Bäuerliche Wahrheit). Bei den meisten zu dieser Zeit verfaßten Artikeln, Broschüren und Proklamationen ist jedoch nicht nur der politische, sondern auch der literarische Wert eher gering.

Kastus Kalinoŭski: Todesgedicht (1864)

Leb' wohl, Bauernvolk, ich laß Dich zurück,
Leb' weiter in Freiheit, leb' weiter im Glück!
Und behalt Deinen Jaska gut im Gedächtnis,
Er fiel für Dein Wohl, bewahr' sein Vermächtnis.
Und wenn das Wort zur Tat wird und leuchtet in Klarheit,
dann erhebe Dich, kühn wie er, für die Wahrheit.
Denn in Eintracht nur und der Wahrheit ergeben,
wirst Du, mein Volk, in Freiheit Dein Alter erleben.

Aus: Karatkewitsch, S. 58

Eine Ausnahme bildet das Werk des im Jahre 1807 als Sohn eines adligen Pächters auf einem Gut bei Babrujsk geborenen Vikenci Dunin-Marcinkevič, der als der bedeutendste weißrussische Schriftsteller der Mitte des vorigen Jahrhunderts gilt. Nach einem nicht beendeten Medizinstudium in Petersburg war er zunächst als Beamter im katholischen Konsistorium in Minsk tätig. Im Jahre 1840 erwarb er das nahe gelegene Gut Ljucynka und betrieb daneben eine Anwaltspraxis. Offensichtlich war er dann in den polnisch-weißrussischen Aufstand von 1863 verwickelt, denn er durfte nach längerer Inhaftierung sein Gut nicht verlassen. Er starb dort am 17. Dezember 1884.

Dunin-Marcinkevič hat in zahlreichen sentimental-utopischen Verserzählungen ein von den Idealen seiner Klasse verklärtes Bild vom Leben der weißrussischen Bauern gezeichnet, die sich ihrer sozialen Lage zwar noch nicht bewußt sind, im Gegensatz zu ihren Gutsherren aber weitaus menschlicher und tugendhafter erscheinen. Seine Gedichte und Verserzählungen sind teils in weißrussischer, teils in polnischer Sprache verfaßt; einige dramatische Dichtungen sind zweisprachig. Dunin-Marcinkevič verfaßte auch die erste weißrussische Übersetzung der ersten beiden Gesänge von Adam Mickiewiczs *«Pan Tadeuz»*, die im Jahre 1859 in Vilnius erschien.

Ebenfalls aus dem weißrussischen Kleinadel stammt der 1840 in der Nähe von Vilnius geborene Schriftsteller Francišak Bahuševič. Er studierte in Petersburg Physik und Mathematik, wurde jedoch wegen Beteiligung an Studentenunruhen von der Universität verwiesen und ging als Dorfschullehrer in seine Heimat zurück. Wie Dunin-Marcinkevič nahm er aktiv am Aufstand von 1863 teil, bei dem er verwundet wurde. Anschließend floh er in die Ukraine, absolvierte dort das Juristische Lyzeum und war danach in verschiedenen ukrainischen Städten als Untersuchungsrichter tätig. Erst 1883 kehrte Bahuševič als Anwalt nach Vilnius zurück, wo er am 15. April 1900 starb.

Mit seinen beiden 1891 und 1894 in Krakau bzw. Posen veröffentlichten Gedichtbänden «Die weißrussische Schalmei» und «Der weißrussische Fiedelbogen» erhob Bahuševič das Weißrussische, das bis dahin nur als Bauerndialekt angesehen wurde, in den Rang einer Literatursprache. Gleichzeitig griff er die bereits von der *Mužyckaja praŭda* erhobene Forderung nach nationaler Selbstbestimmung und sozialer Gerechtigkeit auf und setzte sie mit überzeugender poetischer Kraft in seinen Gedichten um. Sowohl in sprachlicher als auch thematischer Hinsicht hat Bahuševič die weitere Entwicklung der weißrussischen Literatur dadurch entscheidend geprägt. Die von ihm eingeleitete nationale und sprachliche Selbstbesinnung wurde zu Beginn des 20. Jahrhunderts von zahlreichen Zeitungen und Zeitschriften fortgeführt.

Das erste regelmäßig erscheinende Organ, in dem die Mitglieder der entstehenden weißrussischen Nationalbewegung publizieren konnten, war die am 1. September 1906 von führenden Mitgliedern der Weißrussischen Sozialistischen Gemeinschaft *Hramada* in Vilnius herausgegebene Zeitung *Naša dolja* (Unser Los). Wegen ihres radikal-revolutionären Standpunktes wurde sie jedoch bereits nach nur sechs Nummern von der zaristischen Regierung verboten.

An ihre Stelle trat im November 1906 die Wochenzeitung *Naša niva* (Unser Feld), die bis 1915 bestand. Sie erschien gleichzeitig in zwei Ausgaben in lateinischer und kyrillischer Schrift und trug durch die Verschmelzung der Dialekte verschiedener Landesteile wesentlich zur Herausbildung einer einheitlichen weißrussischen Sprache bei. Ihr inhaltliches Programm bestand darin, «dem ganzen zurückgesetzten weißrussischen Volk zu dienen und sein Selbstbewußtsein zu wecken.» In der Zeitung erschienen Aufsätze über das Leben der weißrussischen Bauern und der Intelligenz sowie Novellen, Erzählungen und Gedichte junger weißrussischer Schriftsteller, die zumeist unter Pseudonym veröffentlicht wurden.

Einer dieser jungen Schriftsteller war Ivan Lucevič, der sich seit der Veröffentlichung seines ersten Gedichtes nach dem weißrussischen Namen der Sonnenwendfeier Janka Kupala nannte. Seine dichterische Tätigkeit begann Kupala im Jahre 1903 im Alter von 21 Jahren. Von Beginn an waren seine zahlreichen sowohl in kyrillischer als auch in lateinischer Schrift gedruckten Gedichte und dramatischen Poeme stark von Volkserzählungen und der Erfahrung des armen, bäuerlichen Lebens geprägt. Maksim Gor'kij, der eines seiner ersten Gedichte ins Russische übersetzte und den Dichter dadurch über die Grenzen seines Landes hinaus bekannt machte, schrieb über ihn: «Vor uns steht ein weißrussischer Dichter, ohne Schule, ohne Bildung. Aber seine Verse, seine Gedichte sind erfüllt von Liebe, vom Leid seines Volkes, vom Kummer um

Ivan Lucevič alias Janka Kupala

Denkmal des als größten weißrussischen Nationaldichters verehrten Janka Kupala in Minsk

Am 25. Juni 1882 als Sohn eines landlosen adligen Gutsverwalters in Vjasynka, einem kleinen Dorf nordwestlich von Minsk, geboren erhielt Janka Kupala seine Ausbildung fast ausschließlich von wandernden Hauslehrern, die damals aus Mangel an Schulen die Kinder vieler weißrussischer Bauern unterrichteten. Nur für ein Jahr, bis 1898, besuchte er die Abschlußklasse der Volksschule des 25 km von Minsk entfernten Dorfes Belarus'. Kupala verdiente seinen Lebensunterhalt als Hauslehrer, Bauer, Schwerarbeiter und Hilfskraft in einer Brauerei, im Herbst 1809 zog er dann nach Vilnius, wo er als Bibliothekar in einer Privatbibliothek arbeitete. Nebenher war er als Redakteur für die Zeitung *Naša niva* tätig, die in beinahe jeder Ausgabe eines seiner Gedichte veröffentlichte. Im Herbst 1909 ging Kupala zum Studium der russischen Literatur nach Petersburg. Von 1913 bis 1915 lebte er noch einmal in Vilnius, wo er auch wieder als Redakteur bei *Naša niva* arbeitete. Nach dem Ersten Weltkrieg siedelte er nach Minsk über, wo er bis zum Jahre 1941 lebte.

Immer wieder setzte sich Kupala für die Verbesserung der sozialen und politischen Lage der Weißrussen ein und geriet deshalb in den zwanziger und dreißiger Jahren wiederholt mit der kommunistischen Führung des Landes in Konflikt. 1930 wurde er gemeinsam mit zahlreichen anderen weißrussischen Schriftstellern, Pädagogen und Studenten verhaftet. Erst nach einem mißglückten Selbstmordversuch wurde er wieder freigelassen, bis zu seinem Tod jedoch ständig überwacht und in seiner literarischen Arbeit behindert. Enttäuscht über die politischen Entwicklungen in Weißrußland hat Kupala in den letzten Jahren seines Lebens nur noch wenige, literarisch relativ unbedeutende Werke verfaßt und sich statt dessen vor allem Übersetzungen und seiner wissenschaftlichen Tätigkeit in der Weißrussischen und in der Ukrainischen Akademie der Wissenschaften gewidmet. Er starb unter ungeklärten Umständen am 28. Juni 1942 in Moskau.

sein Schicksal. Es sind so wohlklingende und milde Verse, wohlgelungen. Die meisterhafte Komposition macht das ganze Gedicht zu einem Hymnus.»

Heute wird Janka Kupala, der die weißrussische Sprache zu ihrer stärksten künstlerischen Entfaltung brachte, als größter weißrussischer Nationaldichter verehrt. Ihm sind zahlreiche Denkmäler sowie das Janka-Kupala-Literaturmuseum gewidmet, das 1960 auf dem Gelände seines im Zweiten Weltkrieg zerstörten früheren Wohnhauses im Zentrum von Minsk errichtet wurde. In dem Museum sind zahlreiche Fotos, Handschriften und Dokumente aus seinem Leben zu besichtigen. Eine Filiale des Museums befindet sich in seinem Geburtsdorf Vjasynka, wo ihm zu Ehren alljährlich im Juni die «Festtage der Poesie» veranstaltet werden.

Ein weiterer großer weißrussischer «Klassiker» ist der Dichter, Prosaautor und Dramatiker Jakub Kolas. Er wurde am 22. Oktober 1882 in Mikalaeŭščyna, einem kleinen Dorf südwestlich von Minsk, geboren. Nachdem er wie Kupala zunächst von Hauslehrern unterrichtet worden war, besuchte er ab 1892 die Volksschule seines Heimatdorfes. Nach einem Studium am Lehrerseminar in Njasvič unterrichtete er seit 1902 an verschiedenen Dorfschulen und war gleichzeitig für die Zeitungen *Naša dolja* und *Naša niva* tätig.

Ärger mit der zaristischen Obrigkeit bekam Kolas, als er im Jahre 1906 in Mikalaeŭščyna einen weißrussischen Lehrerkongreß organisierte. Dieser wurde von der Polizei aufgelöst, die Teilnehmer wurden aus dem Schuldienst entlassen und vor Gericht gestellt. Kolas verurteilte man zu drei Jahren Festungshaft, die er zwischen 1908 und 1910 im Minsker Gefängnis verbüßte. Ab 1912 war er in Pinsk wieder als Lehrer tätig.

Nach dem Kriegsdienst und einer kurzen Tätigkeit als Lehrer in der Nähe von Kursk kehrte er im Mai 1921 nach Minsk zurück, wo er seine literarische Tätigkeit wieder aufnahm. Als Mitglied der Kommunistischen Partei, in die er 1943 eintrat, war er später als Abgeordneter des Obersten Sowjets Weißrußlands und der UdSSR auch politisch aktiv. Kolas starb am 13. August 1956 in Minsk.

Wie die Gedichte des gleichaltrigen Janka Kupala, mit dem ihn seit ihrer ersten Begegnung im Jahre 1912 eine lebenslange Freundschaft verband, zeichnet sich auch das umfangreiche, sämtliche literarische Gattungen umfassende Werk von Jakub Kolas durch die genaue Schilderung der tristen weißrussischen Landschaft, des armen, bäuerlichen Lebens und der Mißachtung der nationalen Sprache und Traditionen aus. Obwohl auch Kolas unter den Stalinschen Repressionen zu leiden hatte, stand er, anders als Kupala, den Ereignissen nach der Oktoberrevolution durchaus positiv gegenüber. Viele seiner in den zwanziger und dreißiger Jahren verfaßten Werke sind deshalb typisch sozialistischen Themen des Wiederaufbaus, der Kollektivierung oder der Parteiarbeit gewidmet. Als Hochschullehrer und Vizepräsident der Weißrussischen Akademie der Wissenschaften förderte er zudem viele junge Autoren und prägte das kulturelle und wissenschaftliche Leben im Weißrußland der Nachkriegszeit nachhaltig.

Im Vergleich zu Kupala und Kolas sind Leben und Werk von Maksim Bahdanovič weitaus loser mit Weißrußland verknüpft. 1891 als Sohn eines bekannten weißrussischen Volkskundlers geboren, verbrachte er mit Ausnahme eines kurzen Aufenthalts in Hrodna nahezu sein gesamtes Leben in Zentralrußland. Von den anderen Autoren der *Naša niva*-Generation war er so nicht nur räumlich, sondern auch kulturell getrennt. Zwar schrieb auch Bahdanovič in weißrussischer Sprache, seine Gedichte und Erzählungen sind jedoch nicht auf weißrussische Themen beschränkt. Durch die Einbeziehung philosophischer und künstlerischer Fragestellungen hat er die weißrussische Literatur formal und thematisch erheblich erweitert. Bahdanovič starb 1917 im Alter von nur 26 Jahren in Jalta an Tuberkulose.

Zu den Klassikern der weißrussischen Literatur zählt schließlich Kuz'ma Čërny (eigentlich Mikalai K. Ramanoŭski), der allerdings nicht nur einer anderen Generation (geb. 1900), sondern als Sohn eines Gutsarbeiters aus der Nähe von Sluck auch einer anderen sozialen Schicht angehörte als die bisher erwähnten Schriftsteller. Er bediente sich als erster weißrussischer Autor der Romanform und begründete damit eine reiche Tradition realistischer Prosaliteratur der Nachkriegsgeneration. Čërny hinterließ aber auch mehrere dramatische Werke, die bis in die achtziger Jahre zum ständigen Repertoire weißrussischer Theater gehörten. Er starb am 22. November 1944 in Minsk.

Die Nachkriegsgeneration

Der bedeutendste und durch die Übersetzung vieler seiner Romane und Novellen auch in der Bundesrepublik bekannteste weißrussische Autor der Gegenwart ist zweifellos Vasil' Bykaŭ. Er wurde am 19. Juni 1924 in Cerenoŭščina, einem kleinen Dorf südwestliche von Polacak, geboren. Er kommt aus einer armen Bauernfamilie. Nach dem Studium an der Kunsthochschule im nahen Vitebsk ging er 1941 als Freiwilliger an die Front. Als Artillerieoffizier kämpfte er in der Ukraine, Bulgarien, Jugoslawien und Ungarn und erlebte das Kriegsende in Österreich. Nach einer kurzen Tätigkeit als Journalist in Hrodna diente er abermals als Armeeoffizier im Fernen Osten, auf Sachalin und den Kurilen, bevor er sich 1955 ganz seiner literarischen Tätigkeit widmete. Bykaŭ schreibt in weißrussischer Sprache und übersetzt seine Werke selbst ins Russische.

Bykaŭs Werk ist tief durch die persönliche Erfahrung des Krieges geprägt. Im Mittelpunkt fast aller seiner thematisch und stilistisch eng verwandten Romane und Novellen wie «Die dritte Leuchtkugel», «Die Schlinge», «Die Brücke von Kruhljany» und «Die Alpenballade» steht eine kleine Gruppe von Soldaten oder Partisanen, denen eine Entscheidung auf Leben und Tod abverlangt wird. Ganz in der Tradition Tolstojs und Dostoevskijs wird dabei immer wieder die moralische Frage nach der Möglichkeit menschlicher Bewährung in Extremsituationen, nach der Humanität des Einzelnen in einer inhumanen Welt aufgeworfen. «Ich halte es für die Pflicht meiner Generation», so schrieb Bykaŭ dazu im Jahre 1975, «dieses Thema in der Kunst zu belassen und es dabei nicht in der Historie zu verkörpern, sondern die Möglichkeiten der menschlichen Seele auszuloten, um verständlich zu machen, was der Mensch nicht braucht – den Krieg!» Die leidenschaftliche Anteilnahme, die seinen Erzählungen immer wieder entgegengebracht wird, macht deutlich, wie tief sich das Trauma des Zweiten Weltkriegs in das Bewußtsein der Weißrussen eingeprägt hat.

Bykaŭ geht es in seinen Werken weniger um heroische Schlachten, als um historisch eher nebensächliche Episoden, die für den Einzelnen jedoch existentielle Momente darstellen. Wie Vladimir Tendrjakov, Čingis Ajtmatov und viele andere sowjetische Schrift-

Vasil' Bykaŭ: Der Verrat

Vasil Bykaŭ im Mai 1981 in Berlin. – Foto: Jürgen Ost und Europa Photo

«Wie seltsam doch der Mensch beschaffen war! Ihrer beiden Leben hing jetzt wie an einem seidenen Faden, ringsum stand der Feind, es war gar nicht so einfach, bis zum Abend zu überleben, um dann weiter nach Rettungswegen zu suchen, aber Zimoschkins Gedanken wanderten weit in die Zukunft, in jene ersehnte Zeit, da der Krieg nur noch Erinnerung sein würde. Und dabei wußte er, daß der Tod sie heute jeden Augenblick ereilen konnte; trotzdem besaß er nicht die Kraft, seine sorgenvollen Gedanken nur auf ihre Errettung zu konzentrieren. Er glaubte, daß der Krieg bald zu Ende sein würde, und zwar in absehbarer Zeit, daß der Sieg nahe war und daß dann ein anderes, ein einfaches, menschliches Leben beginnen würde, dem jetzigen ganz und gar unähnlich. Er wollte sich ausmalen, wollte wissen, was er von diesem Leben fordern würde und wie es für die Menschen, auch für ihn selbst aussehen sollte.

Das werden bestimmt wunderbare Zeiten sein, dachte Zimoschkin. Die Menschen werden wie Brüder miteinander umgehen, Dünkel, Hochmut, Habsucht und Neid werden verschwinden. In den Stunden großer Prüfungen haben die Menschen gelernt, fremdes Leid mitzufühlen, ihr eigenes Streben einem großen Ziel unterzuordnen, und sich im persönlichen Leben mit Wenigem zu begnügen ... Diese Fronterfahrungen galt es zu bewahren, auf lange Jahre zu erhalten und nicht in Vergessenheit geraten zu lassen ... Das wäre wunderbar, und Zimoschkin glaubte fest daran, daß die Menschen begreifen und all ihre Wünsche verwirklichen würden.»

Aus: Ausgewählte Novellen, S. 240–241

steller seiner Generation beschäftigen Bykaŭ vor allem moralisch-ethische Fragen und die inneren menschlichen Prozesse, die er psychologisch genau beobachtet und gleichwohl stets in den politischen und sozialen Zusammenhang des Krieges stellt.

Neben seiner Arbeit als Schriftsteller ist Bykaŭ publizistisch und zunehmend auch politisch tätig. Dabei war er zunächst durchaus linientreu und wurde 1984 auch zum «Held der sozialistischen Arbeit» ernannt. Später hat er sich als Gründungsmitglied der Weißrussischen Volksfront und zwischen 1989 und 1991 auch als Volksdeputierter der UdSSR jedoch vehement für die Unabhängigkeit Weißrußlands engagiert. Vor allem aber wegen seines Eintretens für die Opfer des Stalinismus genießt er in der weißrussischen Bevölkerung hohes moralisches Ansehen.

Von der weißrussischen Führung wird Bykaŭ dagegen wegen seiner Kritik am autoritären Regime von Präsident Lukašėnka bedroht und in seinem Schaffen behindert. 1998 ist er auf Einladung des dortigen PEN-Clubs deshalb zunächst nach Helsinki emigriert, bevor er im Februar 2000 mit seiner Frau nach Deutschland kam. Seit Januar 2001 hält er sich im Rahmen der Initiative «Stadt der Zukunft» in Frankfurt/M. auf.

Auch Ales' Adamovič ist in Deutschland recht bekannt geworden, vor allem durch das gemeinsam mit dem in Sankt Petersburg lebenden Schriftsteller Daniil Granin (geb. 1919) verfaßte «Blokkadebuch». Anhand von Tagebuchaufzeichnungen, Briefen und Augenzeugenberichten wird ein bewegendes Bild des Lebens und der geistigen Haltung der Menschen während der 900tägigen Belagerung Leningrads durch die Deutsche Wehrmacht gezeichnet. Ihr Anliegen, so schrieben sie später einmal, war es, «die Quellen zu ergründen, aus denen sich der Geist der Standhaftigkeit, des Widerstands und der Unbeugsamkeit in oft hoffnungsloser Lage speiste, und die tatsächlichen Entwicklungen kennenzulernen, die nicht von der Kenntnis des späteren Sieges korrigiert sind.»

Auf Deutsch liegt auch Adamovičs im Kollaborationsmilieu angesiedelter Roman «Henkersknechte» vor, sowie der Roman «Stätten des Schweigens», der 1985 unter dem Titel «Komm und siehe» von Elem Klimov verfilmt wurde. Der Autor erzählt darin die Geschichte des zwölfjährigen Fljora während des Zweiten Weltkriegs, seine erste Begegnung mit den Partisanen, die Entdeckung seiner ermordeten Eltern und schließlich die Auslöschung eines weißrussischen Dorfes durch die Deutsche Wehrmacht. Wie die 1989 in deutscher Sprache erschienene Erzählung «Die letzte Pastorale», in der Adamovič die schrecklichen Folgen eines möglichen Atomkrieges schildert, ist auch dieser Roman ein

Ales' Adamovič (1927–1994)

Ales' Adamovič. – Foto: N. Kotschnew

Auch das Werk dieses in Konjuchi, einem kleinen Dorf in der Nähe von Minsk, geborenen Schriftstellers ist maßgeblich durch die Erfahrungen während des Zweiten Weltkriegs geprägt worden. Zwischen 1943 und 1944 kämpfte Adamovič in einer Partisaneneinheit gegen die Deutsche Wehrmacht, schlug sich später allein hinter der Frontlinie durch und lebte bis zum Kriegsende im Altaj-Gebiet. Nach seiner Rückkehr studierte er an der Universität Minsk Philologie und promovierte dort im Jahre 1953. Seit dieser Zeit publizierte er zahlreiche Romane und Erzählungen und engagierte sich zunehmend auch politisch. Unter anderem nahm er 1982 als Mitglied der weißrussischen Delegation an der 38. Sitzung der UNO-Vollversammlung teil. Später war er wie Bykaŭ sowohl Gründungsmitglied der Weißrussischen Volksfront als auch Volksdeputierter der ehemaligen UdSSR und hat sich für die Unabhängigkeit Weißrußlands eingesetzt. Sein plötzlicher Tod im Jahre 1994 wird deshalb von vielen seiner Landsleute als schwerer Verlust beklagt.

eindringliches Mahnmal gegen Verdrängung und Gleichgültigkeit. Der Inhalt seiner Bücher läßt sich aber nicht allein auf die Grausamkeit des Krieges reduzieren. «Wesentlich», so schrieb er einmal, «ist es, die durch den Staat und die Ideologie von vornherein eingeplante Grausamkeit zu beachten.»

In Westeuropa weniger bekannt ist der am 4. August 1917 in Odessa geborene Janka Bryl'. Er wuchs seit seinem fünften Lebensjahr im polnisch beherrschten Teil Weißrußlands auf, wurde dann 1939 zur polnischen Armee eingezogen und kurz darauf von der Deutschen Wehrmacht gefangengenommen. Zwei Jahre später gelang ihm die Flucht nach Weißrußland, wo er sich den Partisanen anschloß. Diese persönliche Erfahrung verarbeitet Bryl' in vielen seiner Werke wie dem 1968 auch in deutscher Sprache erschienenen, stark autobiographischen Roman «Vögel und Nester». Bekannt ist Bryl' aber vor allem für seine psychologisch einfühlsamen, lyrischen und humorvollen Erzählungen, in denen er – ähnlich wie Bykaŭ – stets weniger an der äußeren Konfliktsituation, als vielmehr ihrer widerspruchsvollen Wirkung auf die menschliche Psyche interessiert ist.

Aus der jüngeren Generation weißrussischer Schriftsteller ist in den letzten Jahren vor allem Svjatlana Aleksievič (geb. 1948) hervorgetreten. Zwar stammt sie aus dem ukrainischen Ivano-Frankovs'k, lebt aber seit langer Zeit mit ihrer Familie in Minsk. Sie studierte dort an der Universität und arbeitete dann als Mitarbeiterin für verschiedene Zeitschriften, darunter in der Redaktion von *Nëman,* dem Organ des weißrussischen Schriftstellerverbandes.

Schon mit ihrem ersten Buch «Der Krieg hat kein weibliches Gesicht», das 1986 von Viktor Dašuk verfilmt wurde und 1989 auch in deutscher Sprache erschienenen ist, hat Svjatlana Aleksievič großes Aufsehen erregt. Darin hat sie die Erinnerungen von 700 der rund 800 000 sowjetischen Soldatinnen, die sich im Zweiten Weltkrieg freiwillig zur Front gemeldet hatten, aufgezeichnet und sich damit als eine der ersten Schriftstellerinnen in der ehemaligen Sowjetunion einem spezifischen Frauenthema gewidmet. In dem ebenfalls 1989 erschienenen Buch «Die letzten Zeugen» läßt sie Menschen in kurzen Monologen zu Wort kommen, die als kleine Kinder den Zweiten Weltkrieg und die Besetzung Weißrußlands durch die Deutsche Wehrmacht miterlebt haben.

Im Gegensatz zu Bykaŭ, Adamovič und Bryl' schreibt Svjatlana Aleksievič in ihren im Stil der Dokumentarprosa verfaßten Büchern nicht nur über historische Ereignisse, sondern wendet sich zunehmend aktuellen Themen zu. Vor allem in ihrem 1992 auch in deutscher Sprache erschienenen Buch «Zinkjungen» und in «Tschernobyl. Eine Chronik der Zukunft» stellt sie nicht nur die Schrecken des Zweiten und Dritten Weltkriegs (so bezeichnet sie die Reaktorkatastrophe in Tschernobyl) auf erschütternde Weise dar, sondern liefert gleichsam ein genaues Psychogramm der sowjetischen Gesellschaft in den späten achtziger und frühen neunziger Jahren.

«Zinkjungen» besticht vor allem durch die genaue psychologische Beobachtung und die emotionale Sprache, die die Sinnlosigkeit des Afghanistan-Krieges zum Ausdruck bringt. «Ich frage mich», so schreibt sie darin, «ich frage andere. Ich suche eine Antwort darauf, wie es dazu kommt, daß der Mut in jedem von uns abgetötet wird, daß aus einem normalen Jungen ein Mörder wird. Warum kann man alles mit uns machen? Ich will nicht richten über das, was ich gesehen und gehört habe. Ich möchte nur die Welt des Menschen so spiegeln, wie sie ist. Und heute stellt sich die Wahrheit über den Krieg komplexer als früher, genau wie die Wahrheit über Leben und Tod allgemein. Der Mensch hat endlich erreicht, was er sich in seiner Unvollkommenheit immer gewünscht hat: er ist in der Lage, alle Menschen auf einmal zu töten.»

Die schonungslose Offenheit, mit der sie in ihren Büchern Stellung bezieht, hat Svjatlana Aleksievič wiederholt Anklagen der Staatsanwaltschaft eingebracht. Ihre Bücher konnten in Weißrußland bisher nicht erscheinen. Im Westen wurden ihr dagegen zahlreiche renommierte Literaturpreise verliehen, wie etwa der Kurt-Tucholsky-Preis des schwedischen PEN und der Erich-Maria-Remarque-Friedenspreis der Stadt Osnabrück. Svjatlana Aleksievič lebt seit einiger Zeit in der Nähe von Florenz.

Afghanistan-Heimkehrer

«Wie lange noch lassen wir Geisteskranke, Gewalttäter und Drogensüchtige aus uns machen? In Afghanistan hat man uns weismachen wollen: ‹Ihr seid die Vorreiter der Perestrojka, wühlt zu Hause den stehenden Sumpf auf!› Nun sind wir zu Hause, wollen Ordnung schaffen, aber man läßt uns nicht ... Da kriegen wir zu hören: ‹Lernt, studiert, Jungs ... gründet eine Familie.› Für mich war das ein Schock hier. Überall Schiebereien, Mafia, Gleichgültigkeit – aber an ernsthafte Dinge läßt man uns nicht ran ... Ich hab überhaupt nicht mehr durchgesehen, bis mir ein kluger Mann sagte: ‹Was könnt ihr eigentlich? Ihr habt doch bloß schießen gelernt. Und was wißt ihr? Daß man die Heimat nur mit der Pistole in der Hand schützen kann? Daß Gerechtigkeit nur mit einer MP hergestellt werden kann?› Da hab ich angefangen nachzudenken und sagte mir: ‹Verfluchte MP! Ich trag sie ja immer noch auf dem Rücken!›

Aus: Zinkjungen, S. 217

Auf Sparflamme: Theater und bildende Kunst

Bis zum Ende des 19. Jahrhunderts gab es in Weißrußland neben Gastspielen russischer Theater lediglich einige kleinere Laientheater, die Gedichte weißrussischer Poeten vortrugen sowie Volkslieder und Tänze aufführten. Erst im Jahre 1905 wurde ein Berufstheater gegründet, das unter der Leitung von Ignat Bučinskij zehn Jahre existierte. Nach dem Ersten Weltkrieg wurde dann 1920 das erste staatliche Dramentheater, das heutige Janka-Kupala-Theater, in Minsk eröffnet. Ein zweites weißrussisches Staatstheater, das Jakub-Kolas-Theater, befindet sich seit 1926 in Vitebsk. Insgesamt gibt es gegenwärtig etwa 15 staatlich unterstützte Theater und viele private Theaterstudios.

Im Vergleich etwa zum Taganka-Theater in Moskau oder dem Malyj-Theater in Sankt Petersburg, die seit dem Ende der siebziger Jahre viele ästhetisch herausragende und auch international beachtete Aufführungen herausgebracht haben, sind die Inszenierungen der weißrussischen Theater überwiegend volkstümlich und traditionell. Gespielt werden meist klassische weißrussische Dramen von Kupala, Kolas und Dunin-Marcinkevič oder Bühnenfassungen der Romane und Erzählungen von Čėrny, Bykaŭ und des 1921 in der Nähe von Homel' geborenen Ivan Šamjakin. Eine gewisse Ausnahme bildete Anfang der neunziger Jahre das Alternative Theater in Minsk. Unter der Leitung des litauischen Regisseurs Vitas Grigaljunas wurden hier auch moderne Stücke von Mrozek, Beckett oder Ionesco in aktuellen Inszenierungen aufgeführt.

Internationales Format hat lediglich das staatliche Ballett unter der Leitung von Valentin Elisarev, der als erster ehemals sowjetischer Choreograph ein Stipendium an der Grand Opéra in Paris erhalten hat. Seine Choreographien der «Carmen-Suite» von Rodion Ščedrin nach Bizet, der «Erschaffung der Welt» von Andrej Petrov oder der «Carmina Burana» von Carl Orff waren als Gastspiele auch in Deutschland und anderen westeuropäischen Staaten zu sehen.

In der bildenden Kunst hat sich seit Ende der achtziger Jahre dagegen zumindest in quantitativer Hinsicht ein relativ breites Spektrum herausgebildet. Vor allem in Minsk und Vitebsk sind

Ėl' Lisickij in seinem Vitebsker Atelier, 1919. –
Foto: Sprengel Museum, Hannover

zahlreiche private Galerien und Kunstmärkte entstanden, die Werke weißrussischer Künstler für nach westlichen Maßstäben sehr niedrige Preise zum Verkauf anbieten. Aber auch die staatlichen Museen, die bis vor kurzem fast ausschließlich Maler des sozialistischen Realismus wie Michail Savicki (geb. 1922), V. Cvirka oder R. Kudrėvič gezeigt haben, stellen zunehmend Künstler des «weißrussischen Underground» wie Sjargej Mališevski oder Igor Tišin (geb. 1958) aus.

Doch während früher die offizielle Politik des sowjetischen Künstlerverbandes für alle Künstler maßgeblich war, ist es heute vor allem die Formensprache der klassischen Moderne, die viele Künstler zu kopieren suchen. Wenn man z. B. über den Kunstmarkt auf der Minsker Lenin-Straße geht, scheint einem von fast jedem Bild ein Chagallscher Esel entgegenzublicken oder eine konstruktivistische Figur Ėl' Lisickijs den Beginn der neuen Zeit anzukündigen. Nur wenigen Künstlergruppen wie *Njamiga-17*, *Forma* und *Galina* aus Minsk oder *Kvadrat* aus Vitebsk gelingt es, eigenständige künstlerische Positionen zu entwickeln und ihre Werke auf internationalen Ausstellungen in Rußland, Polen oder Deutschland zu präsentieren.

Rockmusik und Jugendkultur

Wie im Theater ist auch im Bereich der populären Musik spürbar, daß sich eine alternative Jugendkultur in Weißrußland bislang kaum entwickelt hat. Im Gegensatz etwa zu Moskau, Sankt Petersburg oder Ekaterinburg, wo sich seit dem Ende der siebziger Jahre eine sehr aktive Rockmusik-Szene etabliert hat, wurden in Minsk erst 1986 die ersten beiden Rockclubs *Ritm* (Rhythmus) und *Njamiga* eröffnet. Aber auch hier durften nur Bands auftreten und Platten bei der staatlichen Firma *Melodija* aufnehmen, die als Berufsmusiker offiziell vom Staat anerkannt waren – entsprechend konformistisch und uninteressant war deren Musik dann auch.

Erst mit der beginnenden Demokratisierung und Wiederbelebung der weißrussischen Kultur Ende der achtziger Jahre änderte sich diese Situation ein wenig. Viele neugegründete Bands begannen, alte weißrussische Traditionen in Musik und Texten aufzunehmen und erzielten damit großen Erfolg vor allem bei Jugendlichen. 1989 fand in Lida das erste weißrussische Rockfestival «*Try kolery*» (Drei Farben) statt, und auch auf dem jährlich stattfindenden Musik-Festvial in Navapolacak traten zunehmend Rockbarden wie Siarcuk Vojus oder Volha Cjareščanka auf. Vor allem experimentierfreudige und unangepaßte Bands wurden aber auch weiterhin von staatlichen Stellen gegängelt. So konnte ein vom Weißrussischen Studentenbund organisiertes Rockfestival nur im polnischen Bialostocka (Białystok) stattfinden, und auch eine Anthologie weißrussischer Rockmusik der beiden Journalisten Vitaŭt Martynenka und Anatol' Mjal'huj konnte 1989 nicht in Minsk, sondern nur in New York erscheinen.

Auch heute noch gibt es kaum Probenräume und Auftrittsmöglichkeiten für Bands. Allein die Jugendorganisation *Next Stop* und *Belaruskaja Muzyčnaja Al'ternativa* organisieren in Minsk gelegentlich Konzerte, bei denen weißrussische Rockbands auftreten. Zu den wenigen Bands, die bereits Platten aufnehmen konnten und einem breiteren Publikum bekannt sind, zählen *Narodnaja Rėspublika Mroja* (‹Volksrepublik der Träume›), *Ulis* (‹Ulysses›) und *Novae Neba* (‹Neuer Himmel›), die 1995 mit ihrem sarkastischen Lied «*Prėzidėnt, idzi damoŭ*» (‹Präsident, geh nach Hause!›) – angespielt wird auf die damaligen Ambitionen von Lukašėnka, in Rußland zum Präsidenten gewählt zu werden – große öffentliche Aufmerksamkeit erregte. Daneben existiert eine Vielzahl von Bands aller Stilrichtungen, die mit relativ primitivem technischen Equipment Cassetten mit ihren Songs einspielen und unter Freunden und Bekannten verteilen.

Radio- und Fernsehprogramme sowie die Auslagen der wenigen Plattengeschäfte werden dagegen eindeutig von westlicher Popmusik und einheimischen «Schnulzensängern» beherrscht. Und auch in den neueröffneten Clubs und Diskotheken laufen vor allem seichte Varieté- und Erotik-Shows, die nicht nur wegen der horrenden Eintrittspreise nur von wenigen Jugendlichen besucht werden. Wirtschaftliche Interessen haben also auch hier künstlerische Kreativität längst in den Hintergrund gedrängt. Feliks Aksëncaŭ, einer der führenden Minsker Rockjournalisten, kommentiert diese zunehmende Kommerzialisierung nicht ohne Wehmut: «Bands, die nicht bloß gängige Trends kopieren, sind heute die Ausnahme. Rockmusik wird immer kommerzieller und verliert ihre Integrität und ihren künstlerischen Wert. Nicht-kommerzielle

Bands, die früher vor allem im Untergrund agierten, sind immer seltener zu finden.»

Präsident, geh nach Hause!

Sie schauen in den roten Himmel
und hoffen, daß es regnen wird.
Sie schauen auf eine verwelkte Blume
und hoffen, daß dort Gras aufkeimt.
Doch wir beide haben die Hoffnung aufgegeben,
aber über sie ist noch kein Gras gewachsen.
Und wir haben nur vier Worte:
«Präsident, geh nach Hause!»

Sie fangen jeden Morgen mit Bier an,
und es scheint ihnen alles okay.
Sie interessiert noch «was» und «wo» und «wie teuer»,
und hoffen, daß es besser wird.
Doch wir beide haben die Freiheit gewählt,
aber man kann sie nicht wie Bier trinken.
Und wir haben nur vier Worte:
«Präsident, geh nach Hause!»

Sie kennen nicht mal das Wort «ich»,
sie kennen nicht mal das Wort «Wort».
Sie vergessen sich in Liebe,
dies Wort gebrauche ich nicht mehr.
Doch wir beide wählen das Wort,
aber sie werden es nicht hören.
Und wir haben nur vier Worte:
«Präsident, geh nach Hause!»

Novae Neba, 1995
(Übersetzung: Dirk Holtbrügge)

ANHANG

Weißrußland auf einen Blick

Offizieller Name: Rëspublika Belarus'
Staatsform: Präsidiale Demokratie
Staatsoberhaupt: Staatspräsident Aljaksandr Lukašënka
Fläche: 207 600 km^2
Nachbarstaaten: Litauen, Lettland, Rußland, Ukraine, Polen
Bevölkerung: 10,1 Millionen, davon 77,9 % Weißrussen, 13,2 %Russen, 4,1 % Polen, 2,9 % Ukrainer, 1,1 % Juden
Amtssprachen: Russisch und Weißrussisch
Hauptstadt: Minsk
Große Städte (in Mio.): Minsk: 1,6; Homel': 0,52; Vitebsk: 0,37; Mahilëŭ: 0,36; Hrodna: 0,29; Brest: 0,28
Währung: Weißrussischer Rubel (BLR), 1 Rubel = 100 Kopeken. Wechselkurs (Juli 2002): 1 Euro = 1800 BLR
Mitgliedschaften: UNO, OSZE, GUS, IWF
Staatlicher Feiertag: 3. Juli (Tag der Befreiung der Stadt Minsk von der faschistischen Okkupation)

Zeittafel

ab 1. Jh.	Herausbildung der Stämme der Dregovičen in der Palesse und in Zentral-Weißrußland, der Radmičen am Sož und der Krivičen an Dzvina und oberem Dnjapro. Bildung lokaler Fürstentümer.
10. Jh.	Das Gebiet des heutigen Weißrußland wird Teil der Kiever Rus'.
11. Jh.	Nach dem Zerfall der Kiever Rus' in der 2. Hälfte des 11. Jh. gehören Pinsk zu Groß-Novgorod, Polacak, Minsk und Vitebsk zum Fürstentum Polacak und Brest zum Fürstentum Vladimir-Wolynien.
13. Jh.	Die weißrussischen Teilfürstentümer werden fester Bestandteil des Großfürstentums Litauen.
1386	Heirat des litauischen Großfürsten Jogaila/Jagiełło mit der polnischen Königin Jadwiga; Polonisierung des litauischen Adels und Übertritt zum katholischen Glauben.
1517	Druck des ersten Buches in weißrussischer Sprache durch Francišak Skaryna.
1569	Union von Lublin: Weißrußland wird Bestandteil der polnisch-litauisch-weißrussischen Rzeczpospolita.
1795	Im Zuge der 3. polnischen Teilung fällt der größte Teil Weißrußlands an Rußland. Verbot der weißrussischen Sprache und Beginn der Russifizierung.
1812	Besetzung durch die Napoleonische Armee, die aber nach kurzer Zeit am Ufer des Flusses Bjarėzina geschlagen wird.
1839	Auflösung der Unierten Kirche.
um 1850	Langsam erwachendes Nationalbewußtsein im Zusammenhang mit der Bauernbefreiung.
1862	Gründung der ersten weißrussischen Zeitung «Mužyckaja praŭda» (Bäuerliche Wahrheit).
1867	Druckverbot für weißrussische Schriften.
1903	Gründung der Weißrussischen Sozialistischen Gemeinschaft Hramada.
1905	Aufhebung des Verbots der weißrussischen Sprache.
1914–18	Im Ersten Weltkrieg wird Weißrußland zum Kriegsschauplatz.
1917, Aug.	Bildung des Weißrussischen Nationalkomitees (Rada) unter Führung der Hramada.
Dez.	Ein Kongreß zur Bildung eines eigenen Staates wird von den Bolschewiken auseinandergejagt.
1918, Feb.	Deutsche Truppen besetzen Weißrußland.
März	Frieden von Brest; Ausrufung einer weißrussischen Volksrepublik unter deutscher Besatzung.
1919	Proklamation der Weißrussischen Sowjetrepublik. Im Versailler Vertrag fällt das westliche Weißrußland an Polen.
1920, Feb.	Vereinigung Weißrußlands mit Litauen und Bildung der Litauisch-Weißrussischen Sowjetrepublik.

Juli	Die Rote Armee erobert im polnisch-russischen Krieg Minsk und die weißrussischen Westgebiete zurück.
1921, 18.3.	Im Frieden von Riga Abtretung der weißrussischen Westgebiete an Polen.
1922, 30.12.	Gründung der Weißrussischen Sozialistischen Sowjetrepublik; zusammen mit der Ukrainischen SSR, der Transkaukasischen SSR und Rußland (RSFSR) Gründung der UdSSR.
1924–1926	Vergrößerung Weißrußlands durch die vorher zur RSFSR gehörenden Gebiete Vitebsk, Mahilëŭ, Homel' und Smolensk.
1928	Zerschlagung der Hramada.
1937–1939	Hohe Opferzahl durch Stalinsche Repressionen.
1939, 17.9.	Zwangsanschluß der 1921 an Polen abgetretenen westlichen Gebiete an die Weißrussische SSR und Abtretung des Smolensker Gebietes an die RSFSR als Ergebnis des Hitler-Stalin-Pakts; territoriale Verdoppelung durch diese Westverschiebung.
1939–1941	Etwa 250000 Weißrussen werden in diesen Jahren auf Anweisung Stalins in Kurapaty, einem Wald nahe Minsk, durch den sowjetischen Geheimdienst erschossen; die Verbrechen werden später den deutschen Besatzern angelastet.
1941, 22.6.	Überfall der Deutschen Wehrmacht.
1941–43	Ein großer Teil Weißrußlands wird von der Deutschen Wehrmacht besetzt und zum Generalbezirk Weißruthenien erklärt. 2230000 Menschen, ca. ein Viertel der Bevölkerung, kommen ums Leben; Vernichtung nahezu der gesamten jüdischen Bevölkerung; im Kampf gegen Hitler sind mehr als 300000 Partisanen aktiv.
1945	Wiederherstellung Weißrußlands und Westverlagerung der Grenze an die Curzon-Linie; Umsiedlung von 1,5 Mio. Polen in die ehemals deutschen Gebiete Polens.
1945, 25.6.	Weißrußland wird Gründungsmitglied der Vereinten Nationen.
1945–70	Durch die forcierte Industrialisierung rückt Weißrußland aus seiner wirtschaftlichen Randlage heraus.
1969, 5.7.	Eröffnung einer Gedenkstätte in Chatyn zum 25. Jahrestag der Befreiung Weißrußlands von der deutschen Besatzung.
1970–84	Größtes Wirtschaftswachstum aller Sowjetrepubliken; Minsk wird mit 1,6 Mio. Einwohnern zu einer der größten Städte der UdSSR.
1980	Der weißrussische Parteichef Pëtr Mašeraŭ kommt bei einem Autounfall unter ungeklärten Umständen ums Leben.
1986, 26.4.	Bei der Reaktorkatastrophe im ukrainischen Tschernobyl werden ca. 20% des Territoriums Weißrußlands kontaminiert und Zehntausende Menschen strahlenkrank; erst 1989 werden umfangreiche Hilfsprogramme eingeleitet.
1988	Formierung einer nationalen Bewegung (Volksfront) mit dem Namen «Adradžėnne» (Wiedergeburt); unter den Gründern sind die Schriftsteller Vasil' Bykaŭ und Ales' Adamovič. Ent-

deckung von Massengräbern bei Kurapaty durch Zjanon Paznjak, den Vorsitzenden der «Adradžėnne».

Okt.	Große Massendemonstration in Kurapaty, die erstmals nicht von der Polizei und dem KGB verboten wird.
1989	Offizielle Gründung der Weißrussischen Volksfront Adradžėnne (BNF) in Vilnius (Litauen).
1990, 13.3	Wahlen zum Obersten Sowjet Weißrußlands; die Partei der Kommunisten Weißrußlands stellt ca. 86% der Abgeordneten; die Vertreter der «Adradžėnne» bleiben weitgehend erfolglos; ihre Versammlungen in Minsk werden verboten.
27.7.	Souveränitätserklärung.
1991, 25.8.	Unabhängigkeitserklärung und Rücktritt des mit dem Moskauer August-Putsch sympathisierenden Parlamentspräsidenten Mikalai Dzemjancei.
18.9.	Umbenennung des Landes in «Rėspublika Belarus'». Wahl des Atomphysikers Stanislaŭ Šuškevič zum neuen Parlamentspräsidenten.
3.10.	Zusammen mit zehn anderen ehemaligen Sowjetrepubliken Unterzeichnung des Vertrags über die Wirtschaftsgemeinschaft.
8.12.	Zusammen mit der Russischen Föderation und der Ukraine Gründung der Gemeinschaft Unabhängiger Staaten (GUS) in der Nähe von Brest.
21.12.	Beitritt zur vergrößerten GUS mit Verwaltungssitz in Minsk.
1992, 7.7.	Weißrußland wird Mitglied des Internationalen Währungsfonds und der Weltbank.
1993, 1.7.	Im Obersten Sowjet scheitert ein Mißtrauensvotum gegen Parlamentspräsident Stanislaŭ Šuškevič.
1994, Jan.	Amtsenthebung des Parlamentsvorsitzenden Šuškevič und Neuwahl von Mečyslaŭ Hryb, der damit zugleich Staatsoberhaupt wird.
15.3.	Verabschiedung einer neuen Verfassung.
10.7.	Im zweiten Wahlgang der Präsidentschaftswahlen siegt Aljaksandr Lukašėnka mit knapp 80% der abgegebenen Stimmen; einen Tag später erklärt der bei der Wahl unterlegene Vjaceslaŭ Kebič seinen Rücktritt als Ministerpräsident.
1995, 14.5.	Erster Wahlgang der Parlamentswahlen: Nur 18 Kandidaten erreichen in ihrem Wahlkreis die erforderliche absolute Mehrheit; gleichzeitig vier Referenden, die alle angenommen werden: zur wirtschaftlichen Wiederanbindung an Rußland, zur Einführung des Russischen als zweiter Amtssprache, zur Wiedereinführung der alten Staatssymbole der BSSR (ohne Hammer und Sichel) und zur erweiterten Vollmacht des Präsidenten.
28.5.	Zweiter Wahlgang der Parlamentswahlen: Wegen zu geringer Wahlbeteiligung werden nur 101 Abgeordnete gewählt, für die Bildung des Obersten Sowjet müßten mindestens 174 Deputierte gewählt sein.
21.8.	Gewaltsame Beendigung eines Streiks des U-Bahn-Personals in

Minsk durch die weißrussische Miliz und Verbot der oppositionellen Freien Gewerkschaften durch Präsident Lukašėnka.

28.11. Bei den Nachwahlen zum Weißrussischen Parlament werden 20 neue Abgeordnete gewählt; die Wahlbeteiligung liegt bei etwa 60%.

10.12. Im zweiten Wahlgang der Nachwahlen zum Weißrussichen Parlament erhalten weitere 59 Abgeordnete die notwendige Stimmenzahl; mit insgesamt 198 Deputierten ist die zur Beschlußfähigkeit erforderliche Zahl von 174 Mandaten damit deutlich überschritten.

1996, 2.4. Rußland und Weißrußland unterzeichnen einen Vertrag über eine enge staatliche Zusammenarbeit in der Außen- und Sicherheits- sowie der Wirtschaftspolitik; als gemeinsame Führungsorgane werden der Oberste Rat und ein Exekutivkomitee zur praktischen Umsetzung des Vertrags ins Leben gerufen.

26.4. Bei einer nicht genehmigten Demonstration zum 10. Jahrestag der Tschernobyl-Katastrophe in Minsk geht die Politzei mit Schlagstöcken gegen etwa 50000 Demonstranten vor. Mehr als 200 Demonstranten, die u.a. den Rücktritt Lukašėnkas fordern, werden verhaftet.

30.7. Zjanon Paznjak, der Vorsitzende der «Adradžėnne», beantragt in den USA politisches Asyl.

24.11. Bei einem Referendum stimmen 70,5% für die Novellierung der Verfassung, durch die dem Präsidenten weitreichende Vollmachten eingeräumt werden. Außer von Rußland wird dieses Referendum vom Ausland nicht anerkannt.

3.12. Präsident Lukašėnka bildet ein neues Parlament, den Obersten Rat, dem 110 von ihm ausgesuchte Abgeordnete angehören. Vom Ausland wird weiterhin der 1995 gewählte 13. Oberste Sowjet als legitimes Parlament des Landes anerkannt.

1998, 27.2. Eröffnung der OSZE-Mission in Minsk.

22.6. Die Botschafter der Europäischen Union und der USA werden wegen der Drjazdy-Affäre in ihre Heimatländer zurückgerufen; sie kehren erst im Dezember wieder nach Minsk zurück.

2000, Okt. Bei den Wahlen zum Obersten Rat werden mit wenigen Ausnahmen nur Lukašėnka-treue Abgeordnete gewählt.

2001, 9.9. A. Lukašėnka wird mit 75,6% der abgegebenen Stimmen im ersten Wahlgang der Präsidentschaftswahlen wiedergewählt; ausländische Wahlbeobachter weisen auf erhebliche Mängel und Manipulationen bei den Wahlen hin.

2002 Die weißrussische Regierung verweigert dem designierten Leiter der OSZE-Mission Eberhard Heyken die Einreise und entzieht zwei weiteren Mitarbeitern die Akkreditierung.

Hinweise zu Umschrift und Aussprache

In diesem Buch werden die weißrussischen Orts- und Personennamen in der weißrussischen Lautgestalt genannt, also *Mahilëŭ* statt russisch *Mogilëv*, *Hrodna* statt *Grodno*. Manchmal werden die Namen in beiden Sprachen angegeben. Grundsätzlich wird die wissenschaftliche Umschrift benutzt.

Demnach ist:

z stimmhaftes *sch* wie in französisch *jour*
e *je*
ė *e*
ë jo
z stimmhaftes *s* wie in *summen*
s stimmloses *s*
ŭ bilabiales *w*
c *ts*
č *tsch*
š stimmloses *sch*
ž stimmhaftes *sch* wie in *Garage*
v *w*
‘ erweicht den vorhergehenden Konsonanten wie ein kaum hörbares *j*

Bei *Vitebsk, Brest, Tschernobyl, Sowjet, Jelzin* und *Gorbatschow* wurde die vertraute deutsche Form gewählt, statt *Vicebsk, Brėst, Čarnobyl', Sovet, El'cin* oder *Gorbačëv*.

Einige wichtige geographische Bezeichnungen und Namen in weißrussischer und russischer sowie ggf. polnischer, litauischer oder ukrainischer Form:

Baranavičy	Baranoviči
Barisoŭ	Borisov
Bjarėzina	Berezina
Bykaŭ, Vasil'	Bykov, Vasil›
Brėst	Brest; Brześć (poln.)
Čarnobyl'	Černobyl' (russ.); Čornobyl' (ukr.)
Dnjapro	Dnepr (russ.); Dnipro (ukr.)
Dzemjancei, Mikalai	Dementej, Nikolaj
Dzvina	Dvina
Hryb, Mečyslaŭ	Grib, Mjačeslav
Homel'	Gomel'
Hramada	Gromada
Hrodna	Grodno (russ. u. poln.)
Kalinoŭski, Kastus	Kalinovskij, Kastus
Kebič, Vjačeslaŭ	Kebič, Vjačeslav
Kurapaty	Kuropaty
Lukašėnka, Aljaksandr	Lukašenko, Aleksandr

Mahilëŭ (auch Mahiloŭ)	Mogilëv
Maladzečna	Molodečno
Mašeraŭ, Pëtr	Mašerov, Pëtr
Mazyr	Mozyr
Navahradak	Novogrudok; Nowogródek (poln.)
Navapolacak	Novopolock
Palesse	Poles'e
Paznjak, Zjanon	Poznjak, Zenon
Polacak	Polock
Pripjac'	Pripjet (russ.); Pryp'jat (ukr.)
Skaryna, Francišak	Skorina, Francisk
Šuškevič, Stanislaŭ	Šuškevič, Stanislav
Turaŭ	Turov
Vicebsk	Vitebsk
Vil'njus	Vilnius (lit.); Wilna (poln.)

Literaturhinweise

Reiseführer

Berkmoes, Ryan Ver et al.: Russia, Ukraine and Belarus. Melbourne/Oakland/London/Paris (Lonely Planet Publications) 2000.
Reiseführer aus der Lonely Planet-Reihe, vor allem für Individualreisende gedacht. Viele Tips für Unterkunft, Restaurants, etc. Kapitel über Weißrußland relativ kurz.

Pokidow, Jurij: Brest – Minsk – Smolensk – Moskau. Reiseführer. Moskau (Progress) 1982.
Inzwischen weitgehend veralteter Reiseführer aus dem Moskauer Progress-Verlag mit kurzen Kapiteln über Brest und Minsk.

Scheer, Evelyn: Weißrußland entdecken. Natur und Kultur von Brest bis zum Dnepr. 2. Aufl., Berlin (Trescher) 2001.
Reisetips mit Informationen über, Land, Ortschaften, Geschichte und Wissenswertes. Kurze Literaturhinweise.

Gesamtdarstellungen

Drweski, Bruno: La Biélorussie (Presses Universitaires de France). Paris 1993.

Engelhardt, Eugen von: Weißruthenien. Volk und Land. Berlin (Volk und Reich) 1943.

Götz, Roland/Halbach, Uwe: Politisches Lexikon GUS. 3. Aufl., München (C. H. Beck) 1996, S. 67–85.

Karatkewitsch, Uladsimir: Land unter weißen Flügeln. Minsk (Junaztwa) 1983.

Scheibert, Peter: Die Weißrussen. In: Kohn, Hans (Hg.): Russen. Weißrussen. Ukrainer. Frankfurt a. M./Hamburg (Fischer) 1962, S. 209–225.

Land und Leute

Bohn, Thomas: Das Phänomen Minsk. Stadtplanung und Urbanisierung in Weißrußland nach dem Zweiten Weltkrieg. Jena (Friedrich-Schiller-Universität) 2001.

Clem, Ralph S.: Belorussians. In: Smith, Graham (Hg.): The Nationalities Question in the Soviet Union. London/New York (Longman) 1990, S. 109–122.

Mancur, G./Gilevič, M.: Belarus. Minsk (Belarus) 1995.

Metropolit Philaret: Lasset uns das Leben wählen. Moskau (APN) 1987.

Müller, Bodo: Unternehmen Wiking. Von der Ostsee durch Weißrußlands Sümpfe zum Schwarzen Meer. Frankfurt a. M./Berlin (Ullstein) 1995.

Picarda, Guy: Minsk. A Historical Guide and Short Administrative, Professional and Commercial Directory. Minsk/London (Technalohina) 1994.

Širjaev, Evgenij: Rus Belaja, Rus Černaja i Litva v kartach (Weißrußland, Schwarzrußland und Litauen in Karten). Minsk (Nauka i technika) 1991.

Geschichte

Baranowa, M. P./Pawlowa, N. G.: Kurze Geschichte der Belorussischen Sowjetrepublik. Jena 1985.

Beyrau, Dietrich/Lindner, Rainer (Hg.): Handbuch der Geschichte Weißrußlands. Göttingen (Vandehoek und Ruprecht) 2001.

Chiari, Bernhard: Alltag hinter der Front. Besatzung, Kollaboration und Widerstand in Weißrußland 1941–1944. Düsseldorf (Droste) 1988.

Dorn, Fred/Jekel, Leonid/Ignatowitsch, V.: Erinnerungen gegen den Krieg. Minsk (Journalistenfonds des Journalistenverbandes von Belarus) 1995.

Dunn, Walter S.: Soviet Blitzkrieg. The Battle for White Russia, 1944. Boulder (Lynne Rienner Publishers) 2000.

Gerlach, Christian: Kalkulierte Morde. Die deutsche Wirtschafts- und Vernichtungspolitik in Weißrußland 1941 bis 1944. Hamburg (Hamburger Edition) 1999.

Ipatawa, Wolga: Zwischen Moskau und Warschau. Eine historische Marschroute durch Belarußland. Minsk (Polymja) 1996.

Kohl, Paul: «Ich wundere mich, daß ich noch lebe». Sowjetische Augenzeugen berichten. Gütersloh (Gütersloher Verlagshaus, Gerd Mohn) 1990.

Lenhard, Hartmut: Unterwegs nach Minsk. Gütersloh 1989.

Ders.: «Lebensraum im Osten». Deutsche in Belorußland 1941–1944. Düsseldorf (der kleine verlag) 1991.

Lindner, Rainer: Historiker und Herrschaft. Nationsbildung und Geschichtspolitik in Weißrußland im 19. und 20. Jahrhundert. München (R. Oldenbourg) 1999.

Lubachko, Ivan S.: Belorussia under Soviet Rule. Lexington (The University Press of Kentucky) 1972.

Roth, E./Dorn, Fred (Hg.): Politische Pilgerfahrt nach Chatyn. Eine Reise für Frieden und Verständigung in die Sowjetunion. Gütersloh 1989.

Römpp, Brigitte/Fiedler, Heinz: Der Schrei des Kranichs. Ein Grab in Weißrußland. München (Herbert Utz) 2000.

Vakar, Nicholas P.: Belorussia. The Making of a Nation. Cambridge, Mass. (Harvard University Press) 1956.

Wilenchik, Witalij: Die Partisanenbewegung in Weißrußland 1941–1944. In: Torke, Hans-Joachim (Hg.): Forschungen zur osteuropäischen Geschichte. Wiesbaden (Otto Harrassowitz) 1984, S. 129–297.

Zaprudnik, Jan: Historical Dictionary of Belarus. Lanham/London (Scarecrow Press) 1998.

Politik und Gesellschaft

Dawisha, Karen/Parrott, Bruce (Hg.): Democratic Changes and Authoritarian Reactions in Russia, Ukraine, Belarus and Moldova. Cambridge (Cambridge University Press) 1997.

Förster, Heinrich Linus: Von der Diktatur zur Demokratie – und wieder zurück. Eine Auseinandersetzung mit der Problematik der Systemtransformation am Beispiel der ehemaligen Sowjetrepublik Belarus. Hamburg (Dr. Kovač) 1997.

Hartmann, Karl: Polen und die weißrussisch-russische «Gemeinschaft». In: Osteuropa, 47. Jg., 2, 1997, S. A69–A81.

Kipel, Vitaut/Kipel, Zora (Hg.): Byelorussian Statehood. Reader and Bibliography. New York (Byelorussian Institute of Arts and Science) 1988.

Klaskoŭskaja, Ljudmila/Klaskoŭski, Aljaksandr: Stanislaŭ Šuškevič. Partrėt palityka, navukoŭca, čalaveka (Ein Portrait des Politikers, Wissenschaftlers und Menschen). Minsk (Polymja) 1994.

Korosteleva, Elena/Marsh, Rosalind/Lawson, Colin: Contemporary Belarus. Between Democracy and Dictatorship. London (Curzon Press) 2002.

Marples, David R.: Belarus. A Denationalized Nation. London (Routledge) 1999.

Ders.: Belarus. From Soviet Rule to Nuclear Catastrophe. London (Macmillan) 1996.

Neunhöffer, Gisela: Belarus und die internationale politische Ökonomie. Globale Zwänge – autoritäre Antwort. Münster (Westfälisches Dampfboot) 2001.

Savchenko, Andrew: Rationality, Nationalism and Post-Communist Market Transformations: A Comparative Analysis of Belarus, Poland and the Baltic States. Aldershot (Ashgate) 2000.

Smith, Hendrick: Die neuen Russen. Reinbek b. Hamburg (Rowohlt) 1991.

Zaprudnik, Jan: Belarus. At a Crossroads in History. Boulder/San Francisco/Oxford (Westview Press) 1993.

Wirtschaft

Holtbrügge, Dirk: Im Schneckentempo ins Unbestimmte. Stand und Perspektiven der Wirtschaftsreformen in Weißrußland. In: Osteuropa, 43. Jg., 9, 1993, S. 839–852.

Ders.: Inflationäres Wachstum, Resowjetisierung und außenwirtschaftliche Isolation. Die wirtschaftliche Entwicklung der Republik Belarus'. In: Lindner, Rainer/Meissner, Boris (Hg.) Die Ukraine und Belarus' in der Transformation. Eine Zwischenbilanz. Köln (Wissenschaft und Politik) 2001, S. 33–49.

Organisation für Wirtschaftliche Zusammenarbeit und Entwicklung: Investitionsführer Weißrußland. Paris (OECD) 1994.

Sidorenko, A. I.: Ėkonomičeskaja istorija BSSR (Wirtschaftsgeschichte der Weißrussischen Sozialistischen Sowjetrepublik). Minsk (Vyssaja škola) 1965.

Ökologie

Homeyer, Burkhard (Hg.): Den Kindern von Tschernobyl. Münster (LIT) 2001.
Medwedjew, Zhores A.: Das Vermächtnis von Tschernobyl. Münster (Daedalus) 1991.
Sahm, Astrid: Die weißrussische Nationalbewegung nach der Katastrophe von Tschernobyl (1986–1991). Münster/Hamburg (LIT) 1994.
Dies.: Transformation im Schatten von Tschernobyl. Umwelt- und Energiepolitik im gesellschaftlichen Wandel von Belarus und der Ukraine. Münster (LIT) 1999.
Schuchardt, Erika/Kopelew, Lew: Die Stimmen der Kinder von Tschernobyl. Geschichte einer stillen Revolution. Freiburg (Herder) 1996.
Weißenburger, Ulrich: Umweltprobleme und Umweltschutz in Weißrußland. In: Osteuropa-Wirtschaft, 40. Jg., 1, 1995, S. 13–23.

Sprache und Kultur

Adamovich, Anthony: Opposition to Sovietization in Belorussian Literature (1917–1957). München 1958.
Alexander, Sidney: Marc Chagall. Eine Biographie. München (Knaur) 1988.
van den Belt, Werner (Hg.): Modern Art in Belarus. (Peter Noldus Collection) 2000.
Bieder, Hermann: Die gegenwärtige sprach- und kulturpolitische Entwicklung in Weißrußland. In: Die Welt der Slaven, 1992, S. 142–168.
Ders.: Konfession, Ethnie und Sprache in Weißrußland. In: Zeitschrift für Slawistik, 45. Jg., 2, 2000, S. 200–214.
Chagall, Marc: Mein Leben. Stuttgart 1959.
Eisenstein, Sergei: Erinnerungen. Zürich (Arche) 1963.
Gardzicki, Aljaksej: Belaruskija pismenniki (Weißrussische Schriftsteller). Minsk (Mastackaja literatura) 1994.
Karskij, Efim: Geschichte der weißrussischen Volksdichtung und Literatur. Berlin/Leipzig (Walter de Gruyter & Co.) 1926.
Klyschka, Anatol: Licht durch die Jahrhunderte. 500. Jahrestag von Franzysk Skorina. Minsk (Belarus) 1990.
Knauf, Holger: Weißrussisch (Belarus) – Wort für Wort. Bielefeld (Peter Rump) 2001.
Marčėleŭ, S. V. (Hg.): Gistoryja belaruskaga mastactva (Geschichte der weißrussischen Kunst), 6 Bände. Minsk (Navuka i technika) 1994.
Martynenka, Vitaŭt/Mjal'huj, Anatol': Praz rok-prizmu (Durch das Rock-Prisma). New York (Belaruski Instytut Navuki i Mastactva) 1989.
McMillin, Arnold B.: Die Literatur der Weißrussen. A History of Byelorussian Literature. From its Origins to the Present Day. Gießen (Wilhelm Schmitz) 1977.
Plotnikaŭ, Branislaŭ: Äußere Ursachen für die begrenzte Verwendung der weißrussischen Sprache. In: Die Welt der Slaven, 2000, S. 49–58.

Survilla, Maria Paula: Rock Music in Belarus. In: Rament, Sabrina Petra (Hg.): Rocking the State. Rock Music and Politics in Eastern Europe and Russia. Boulder/San Francisco/Oxford (Westview Press) 1994.
Dies.: Of Mairmaids and Rock Singers. Placing the Self and Constructing the Nation Through Belarussian Contemporary Music. London (Routledge) 2002.
Vol'ski, L. A./Cybin, Ju.: Belaruski rok-n-rol: tėksty (Weißrussischer Rock'n Roll: Texte). Minsk (Kovčeg) 1994

Weißrussische Literatur in deutscher Übersetzung (Auswahl)

Adamowitsch, Ales: Stätten des Schweigens. Köln (Pahl-Rugenstein) 1985.
Ders.: Henkersknechte. Das Glück des Messers oder Lebensbeschreibungen von Hyperboreern. Frankfurt a.M. (Suhrkamp) 1988.
Ders.: Die letzte Pastorale. Hamburg (Galgenberg) 1987.
Ders. u. Granin, Daniil: Das Blockadebuch. 2 Bände. Berlin (Volk und Welt) 1987.
Alexijewitsch, Swetlana: Der Krieg hat kein weibliches Gesicht. Berlin (Galgenberg) 1989.
Dies.: Die letzten Zeugen. Berlin (Neues Leben) 1989.
Dies.: Zinkjungen. Afghanistan und die Folgen. Frankfurt a.M. (S. Fischer) 1992.
Dies.: Im Banne des Todes. Geschichten russischer Selbstmörder. Frankfurt a.M. (S. Fischer) 1994.
Dies.: Seht mal, wie ihr lebt. Russische Schicksale nach dem Umbruch. Berlin (Aufbau Verlag) 1999.
Dies.: Gespräche mit Lebenden und Toten. Audiobook. Cassette. München (Hör Verlag) 2000.
Dies.: Tschernobyl. Eine Chronik der Zukunft. Berlin (Aufbau Verlag) 2000.
Bryl, Janka: Vögel und Nester. Berlin 1968.
Bykau, Wassil: Die Schlinge. Berlin (Volk und Welt) 1972
Ders.: Novellen. Berlin (Volk und Welt) 1976.
Ders.: Der Obelisk. Sein Bataillon. Novellen. Berlin (Volk und Welt) 1980.
Ders.: Gehen und nicht zurückkehren. Berlin (Militärverlag der Deutschen Demokratischen Republik) 1981.
Ders.: Ausgewählte Novellen. Leipzig (Reclam) 1978.
Ders.: Romane und Novellen. 2 Bände. Köln (Pahl-Rugenstein).
Ders.: Zeichen des Unheils. Berlin (Volk und Welt) 1984.
Ders.: Die Kiesgrube. Köln (Pahl-Rugenstein) 1989.
Ders.: Im Nebel. Berlin (Volk und Welt) 1990.
Krasnopėrko, Anna: Briefe meiner Erinnerung. Mein Überleben im jüdischen Ghetto von Minsk 1941/42. Schwerte (Haus Villigst) 1991.
Kolas, Jakub: Märchen des Lebens. Berlin 1988.
Neureiter, Ferdinand: Weißrussische Anthologie. Ein Lesebuch zur weißrussischen Literatur (mit deutschen Übersetzungen). München (Otto Sagner) 1983.

Randow, Norbert (Hg.): Störche über den Sümpfen. Belorussische Erzähler. Berlin (Volk und Welt). 1971.
Ders. (Hg.): Die junge Eiche. Klassische belorussische Erzählungen. Leipzig (Reclam) 1987.
Schamjakin, Iwan: Niemand ist allein. Berlin (Neues Leben) 1967.
Ders.: Das Bekenntnis. Berlin 1972.
Ders.: Die Händlerin und der Poet. Berlin (Verlag der Nationen) 1976.

Weißrußland im Internet

Homepage des Präsidenten der Republik Belarus
http://www.president.gov.by/

Botschaft der Bundesrepublik Deutschland in der Republik Belarus
www.germanembassy.org.by

Botschaft der Republik Belarus in der Bundesrepublik Deutschland
http://www.belarus-botschaft.de/

OSZE-Beobachter- und Beratergruppe in der Republik Belarus
http://www.osce.org/belarus/

Deutsch-Belarussische Gesellschaft e. V.
http://members.tripod.de/dbg

Radio Free Europe/Radio Liberty Belarusan Service
http://www.rferl.org/bd/be/index.html

Radio Free Europe/Radio Liberty Weekday Magazine – Belarus
http://www.rferl.org/bd/be/magazine/default.asp

Mehrsprachige Linksammlungen zu Weißrußland
http://www.ac.by/country/
http://www.belarus.net/
http://www.belarus-online.com/
http://br.by
http://www.data.minsk.by/info/belsite.html
http://www.worldskip.com/region.asp?PartnerID=&RegionID=by
http://www.zubr.com/eng/

Internet-Zeitungen in deutscher und englischer Sprache
http://www.open.by/
http://www.belarusnews.de/news_de/index.shtml
http://www.belarustoday.com/

Belarus in your pocket (Reiseinformationen in englischer Sprache)
http://www.inyourpocket.com/Belarus/index.shtml

Belarusan Music News
http://belmusic.hypermart.net/

Peter Noldus Collection (Internet-Gallerie weißrussischer Künstler)
http://www.peternolduscollection.com/

Register

Das Großfürstentum Litauen im 15. Jahrhundert
und nach der Union von Lublin 1569

LETTLAND
RUSSLAND
LITAUEN
Dzvina
Polacak
Vitebsk
Smolensk
VILNIUS
(Wilna)
Kaunas
WEISS-
RUSSLAND
Orša
Maladzečna
Barisoŭ
Dnjapro
Lida
MINSK
Mahiloŭ
POLEN
Hrodna
Bjarėzina
Nëman (Memel)
Białystok
Baranavičy
Babrujsk
Salihorsk
Homel'
Rečica
Pinsk
Brest
Mazyr'
Pripjac'
Dnjapro
Černihiv
UKRAINE
0
150 km
Kartographie Huber Durrstr.1, 80992 München

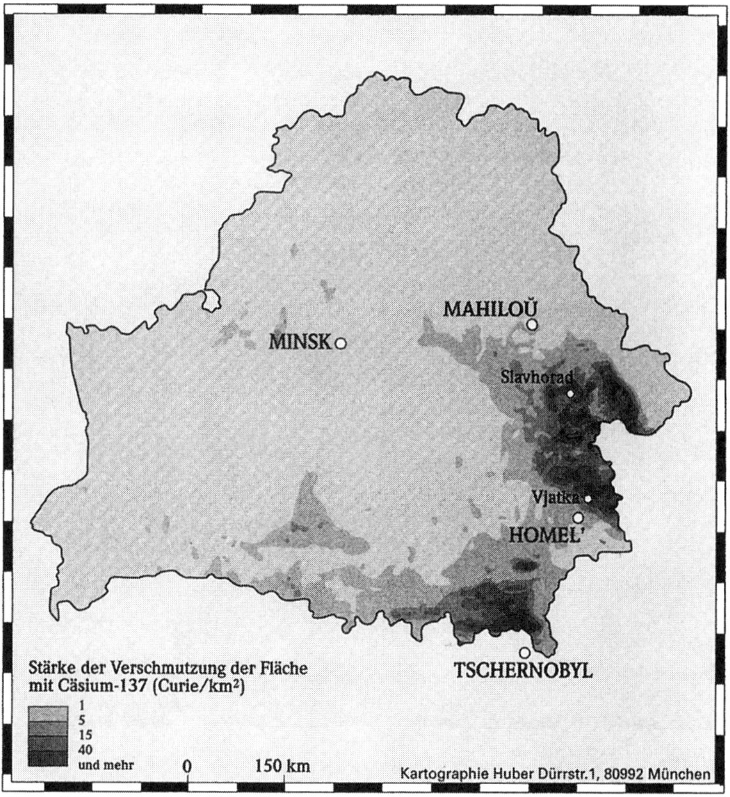

Radioaktive Verstrahlung mir Cäsium-137

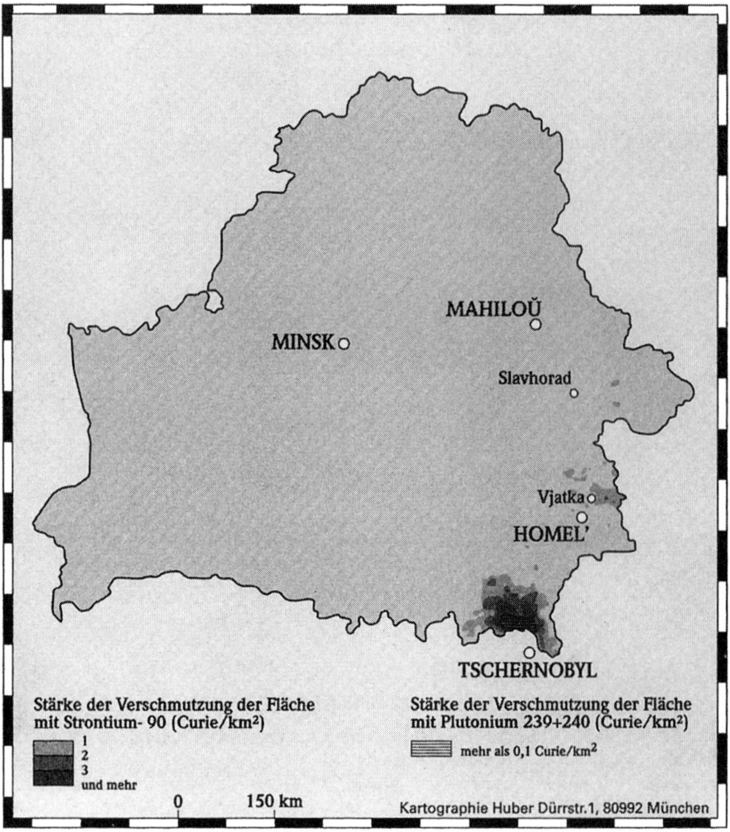

Radioaktive Verstrahlung mir Strontium-90 und Plutonium 239+240